Fischer, Atempause

Henry Fischer

Atempause

Texte nicht nur für Fromme

Bernward

ISBN 3 87065 281 0

Bernward Verlag GmbH, Hildesheim
Titelgestaltung: Paul König, Hildesheim
Gesamtherstellung: Bercker Graphischer Betrieb GmbH, Kevelaer

Inhalt

Statt eines Vorworts:

„Warum hast Du keine Zeit?"

Da hat der Schriftsteller Sigismund von Radecki ein Gespräch belauscht, das die kleine Nelly mit ihrer Mutter führt:

„Mutti, warum willst Du nicht mit mir spielen?"
„Weil ich keine Zeit habe."
„Warum hast Du keine Zeit?"
„Weil ich arbeiten muß."
„Warum arbeitest Du?"
„Um Geld zu verdienen."
„Warum verdienst Du Geld?"
„Um Dir Essen zu geben."

Kleine Pause. –

Dann sagt Nelly: „Mutti, ich habe keinen Hunger."

Hetze und Unrast lassen uns im Trubel der Termine und Ereignisse kaum innehalten. So übersehen wir leicht die viel wichtigeren Dinge und Personen, die unsere Welt erst lebenswert und menschlich machen. Wir müssen in solcher Situation „Atempausen" einlegen und uns besinnen nicht nur auf das, was Nutzen einbringt, sondern auch auf das, was Sinn schenkt. Dann werden wir nicht häufig so traurig da stehen wie die kleine Nelly.
Solche „Atempausen" mitten im aktuellen Alltag wollen die folgenden kurzen Kapitel sein. Sie waren ursprünglich nicht Schrift, sondern morgens im Radio gesprochenes, religiöses Wort für viele Menschen, nicht nur für Fromme. Der Leser kann daraus nun auch eine „Zwischendurch-" oder gar „Nachttischlektüre" machen. Wie es ihm gefällt.

Wie war die Frage?

In Boston, USA, sah ich eine Aufführung des berühmten Musical „Hair". In einer Szene schwenken junge Leute viele Demonstrationsplakate. Auf einem steht der Satz: „Gott ist die Antwort, aber wie war noch die Frage?"
Ein Protest, der nachdenklich macht.
Jeden Sonntag reden sie wieder von Gott – die Pastöre in ihren Kirchen. Aber wer hört ihnen wirklich noch zu? Unter ihren Kanzeln wird es leerer, und viele, die dableiben, fallen in den berüchtigten Predigtschlaf. Ob sie zu viele Antworten bekommen auf Fragen, die sie gar nicht haben? Die Prediger reden von Gott, das ist sozusagen ihr Beruf. Aber scheinbar weiß jeder schon im voraus: Gott ist die Antwort, damit sind wir schnell fertig – nur: wir haben die Fragen vergessen, auf die Gott eine Antwort sein sollte. Das ist eine fatale Situation, die jeder Prediger bedenken muß. Muß er da nicht zuerst wieder die Fragen bewußt machen, bevor er seine noch so richtigen Antworten gibt? Fragen, die bei vielen Zuhörern vielleicht verschüttet sind, die sie aber aufhorchen lassen und Verlangen nach einer Antwort wecken?
Warum lebt in vielen von uns eine innere Unruhe, die uns zu keinem Verweilen kommen läßt? Warum haben wir Angst vor leeren Stunden, stürzen uns in den Streß des ständigen Weiterkommenwollens? Warum haben wir nie genug, warum immer Hunger nach noch mehr? – Andererseits rührt uns die Unbeschwertheit der Kinder, ihr selbstvergessenes Spiel, ihr mangelndes Gefühl für schwindende Zeit. Warum packt uns zuweilen das Verlangen, wieder einmal wie die Kinder sein zu können? – Warum haben wir Angst vor dem Ende, vor dem Tod? – Warum hoffen wir dennoch und trotzdem und immer wieder? – Warum haben wir Hunger nach Liebe und sind uns selbst nie genug? – Warum ist es so schwer, sich selbst etwas vorzulügen? – Warum machen wir immer wieder die Erfahrung unserer Ohnmacht vor den Verhältnissen um uns, die wir ändern möchten? – Aber auch: was bringt uns dazu, daß wir trotzdem lachen, spielen können? Wer schenkt uns das Vertrauen und den Mut zum

Leben? Worauf läuft denn das alles hinaus, was wir unser Leben nennen? Welchen Sinn hat das ganze?
Fragen, nichts als Fragen.
Aber ein Mensch muß sie immer wieder in sich erfahren und aufbrechen lassen, wenn er die Antwort überhaupt begreifen will, die Gott sein soll.

Sich näher kommen

Ein paar Meter von meinem Fenster entfernt steht ein Vogelhäuschen. In der langandauernden Schneezeit der vergangenen Wochen war dieser Vogelbungalow emsig belagert. Dort gab es sichere Nahrung. Es war ein Vergnügen, dem Vogelvolk zuzusehen. Am meisten entzückten mich die buntgefiederten Meisen.
Nur: zwischen dem Fenster und mir war die Gardine. Wenn ich sie bewegte, um die Vögel besser zu beobachten – flugs waren sie verschwunden. Ich versuchte es mit der Gardine ganz langsam und behutsam. Es half nichts. Die geringste Bewegung dieses Stores trieb sie in die Flucht. Sie hatten Angst.
Also ließ ich die Gardine wie sie war. Schaute durch ihre weiten Maschen hindurch und traute mich nicht im geringsten, den Vögeln näher zu kommen.
Bei diesem Beobachtungsspiel wurde mir plötzlich klar, wie schwer es auch Menschen miteinander haben, wenn sie sich näherkommen wollen. Es ist einfach Angst da, die alles verhindert, oft unbegründete, geradezu dumme Angst. Aber man muß mit dieser Angst rechnen.
Da fiel mir aus der Bibel die Geschichte mit Jakob ein. Dem erschien einer, der ganz anders auf ihn losging, in einem Ringkampf nämlich. Und Jakob merkte, mit wem er es zu tun hatte. Und er ließ den Ringer nicht los. „Ich lasse dich nicht, es sei denn, du segnest mich", rief Jakob. Da wurde er

von Gott gesegnet und hieß von nun an Israel. (vgl. Gen 32, 23–33)
Wie gesagt: eine Geschichte aus der Bibel. Eine Geschichte der Begegnung. Ob solche Begegnungen heute noch möglich sind zwischen Menschen, zwischen Mensch und Gott? Daß zwei aufeinander losgehen – und wenn das leise Werben nicht hilft, dann schließlich das ehrliche Ringen. Keineswegs mit Gewalt. Gewalt richtet nichts aus. Es ist der Segen, der erbittet wird, die Liebe der freien Zuneigung. Aber auch diese muß eben erkämpft und erlitten werden. Bloße Angst voreinander führt nie zusammen.
Um auf mein gefiedertes Völkchen vor dem Fenster zurückzukommen: auch da habe ich in der Bibel ein nachdenkliches Wort Jesu gefunden, das genau trifft, was ich meine. Im Anblick der Stadt Jerusalem weint Jesus und ruft aus: „Jerusalem, Jerusalem, wie oft habe ich deine Kinder sammeln wollen wie eine Henne ihre Küken sammelt unter ihren Flügeln. Aber du hast nicht gewollt“ (Mt 23, 37). Warum nicht? Aus Angst etwa? Gehören wir vielleicht zu den Ängstlichen?

Ein wirklich „freier“ Tod?

Da steht einer auf einem hohen Turm und schaut in die Tiefe hinab, ihn schwindelt, ihn graut's, und es kommt ihm der Gedanke: Was ist, wenn ich mich da hinunterstürze?
Nicht wenige Menschen spielen mit der Versuchung, ihr Leben wegzuwerfen, weil sie es für aussichtslos, sinnlos empfinden – und nicht nur alte Menschen fühlen so, auch erschreckend viele junge. Selbstmord nennen wir das. Unsere Gesellschaft hat dafür ein harmloseres Wort geprägt: Freitod.
Aber was ist an diesem Tod frei? Derjenige, der mit solchen Gedanken spielt, ist doch meistens gejagt von Ängsten: daß

er keine Zukunft mehr sieht, die ihm offen steht, daß er nichts mehr erfährt, was dieses Leben lebenswert macht.
Doch möchte ich Sie jetzt zu jemandem hinführen, für den der Weg in den Tod aus wirklicher Freiheit geschah. Er wird auf die hohe Zinne des Tempels in Jerusalem geführt, und der Versucher redet ihm ein: „Stürze dich hinunter". Kein Zweifel: es ist die Versuchung, die viele kennen, wenn sie auf einer Brücke stehen oder auf einem hohen Turm. Aber Jesus, von dem hier die Rede ist, hat kein gescheitertes Leben hinter sich. Dieser Mann steht am Anfang seines Weges und seiner Aufgabe. Er ist kein Verzweifelter, sondern einer, der darauf brennt, endlich seiner Berufung nachkommen zu können.
Aber gerade darum lockt ihn der Widersacher: stürze dich hinab. Wenn du der Sohn Gottes bist – das willst du doch den Menschen beweisen –, dann kann dir nichts passieren. Während du hinabstürzt, wird Gott dich halten müssen. Dir wird nichts zustoßen, die Engel werden kommen und dich tragen, und du wirst für sie, die da unten sind, in der Stadt der Superstar sein, der große Zauberer, der alles kann, der eine ganz große Schau abzieht und damit die Menschen um den Finger wickeln kann, so wie du das willst. Das ist doch dein Ziel, dafür bist du gekommen, dein Reich aufzubauen, die Menschen für dich zu gewinnen. Das kannst du ganz einfach haben: fordere deinen Gott doch heraus, stürze dich herab, und du hast sie.
Es ist der bequeme Weg, der hier Jesus vorgegaukelt wird. Wir müssen uns vorstellen, welche Alternative Jesus hat. Stürzt er sich nicht hinunter, dann beginnt für ihn Schritt für Schritt der Weg unter die Menschen: umjubelt, aber mehr noch angefeindet bis hin zum Schrei der Menge: ans Kreuz mit ihm! Das Ende wird ein Tod in Verlassenheit und Schande sein. Soll er diesen Weg wählen?
Jesus ahnt wohl auch: wenn er diesen Weg nicht geht, wie fremd er dann den Menschen bleiben wird. Kein Weggenosse der Verzweifelten, der Sterbenden wird er sein können, wenn er nicht selbst ihr Sterben mitträgt.
Der Sturz von der Zinne des Tempels, der Versuch einer vergewaltigenden Tat, die alles mit einem Schlage erledigt? Er sagt nein. Er entschließt sich für einen harten aber

menschlichen Weg und für einen harten aber menschlichen Tod. Der einzige Freitod, der diesen Namen wirklich verdient. Es ist die Entscheidung Jesu für uns, gerade für die aus uns, die Angst haben zu leben.

„Gott ist Mutter"

Das ist ein verblüffender Ausspruch, den der Luciani-Papst, Johannes Paul I., 40 Tage nur Papst, der Menge bei einer Audienz auf dem Petersplatz in Rom zurief: „Gott ist nicht nur Papa, er ist auch Mutter."

Wie denn? Sprechen wir nicht immer vom Vatergott? Beten wir nicht: „Vater unser"? Müssen wir uns Gott nicht als einen Mann vorstellen?

Der Papst, der so kurz regierte und ein neues Lächeln in die Christenheit brachte, hat gewiß nicht Unrecht. Gott ist weder männlich noch weiblich. Die Bibel weiß das schon am Anfang sehr gut, wenn sie Gott sprechen läßt: „Wir wollen Menschen" – beachten Sie, Gott ist ein Wir – „wir wollen Menschen machen als unser Abbild: als Mann und Frau erschuf er sie" (Gen 1, 26 f). Die Bibel stellt sich Gott also vor als jemanden, der Männliches, Frauliches, Vater und Mutter in sich vereinigt.

Freilich: der Vater Gott ist unserer Vorstellung viel geläufiger, und auch die christliche Frömmigkeit ist davon mehr geprägt. Allerdings ist damit Gott für viele auch der strenge Vater, der strafende, gerechte, der irgendwie fremde Gott. Ein Gott, vor dem man Angst haben, vor dem man sich sichern oder gar verstecken muß. Schließlich kann Gott auch empfunden werden als einer, der die Tür gewiesen hat, der nichts mehr von den Seinen wissen will.

So empfand das Volk Israel in der Verbannung. Und so empfinden Menschen auch heute: Ich bin völlig allein, niemand braucht mich. Solche Einsamkeit kann in eine radika-

le innere Trostlosigkeit umschlagen: Alle Welt, Gott selbst hat mich verlassen. Er hat mich vergessen. In der Bibel finden wir, wie der Prophet Gottes, Jesaja, dieses sich verlassen gefühlte Volk zu trösten versucht. Er läßt ihren Gott sprechen: „Kann denn eine Frau ihr Kindlein vergessen, eine Mutter ihren leiblichen Sohn?“ (Jes 49, 15)
Da ist er, der für uns mütterlich gesonnene Gott. Ob der lächelnde Papst nicht zu Recht an diesen Gott erinnert hat? Heute, wo so viele sich verlassen, verstoßen fühlen und auch ein Gott für sie nur streng und kalt erscheint?
Ich bin immer für dich da, komme, was da wolle. Das ist die tröstliche Botschaft der Bibel von Gott für uns. Daran wollte wohl der so schnell verstorbene Papst erinnern, wenn er vom mütterlichen Gott sprach.

Gott ist Vater

Meine Eltern gehen beide arbeiten. Mein Vater geht um 6.20 Uhr aus dem Haus, meine Schwester um 7 Uhr und zu allerletzt meine Mutter. So bin ich mit meinem Bruder von mittags um 12 Uhr bis 5 Uhr allein.
Mein Vater kümmert sich nie um mich, erst wenn ich dann was ausgefressen habe, sagt er, meine Mutter hätte nicht genug aufgepaßt. Zum Beispiel als ich die Woche Schule geschwänzt habe, hat er auch gesagt, meine Mutter ist schuld.
Dann hat er gesagt, ich soll zusehen, wie ich die Sache wieder in Ordnung bringe. Wenn ich mal zu spät hereinkomme, meint er immer: „Du denkst, ich habe Angst vor dir; und ich hau' dir kein Jackvoll. Da hast du dich aber getäuscht.“
Dann hat er einen Brief an meinen Klassenlehrer geschrieben, alles schlechte Sachen über mich. Ich weiß nicht, ob er ihn abgeschickt hat. Das sind meine Eltern!
Dies ist der Schulaufsatz eines dreizehnjährigen Jungen. Ich habe kein Wort hinzugefügt.

Einige Fragen stellen sich. Warum beschäftigt den Jungen vor allem sein Vater? Warum fällt der Vater so völlig aus dieser Familie? Ist das typisch?
Das Vaterbild hat sich gewandelt. Er ist nicht mehr der Herr der Familie, der immer das letzte Wort haben muß.
Der Mann hat in der Familie nicht den drohenden Gott des Alten Testamentes zu spielen. Aber gibt es nicht auch den Gott des Neuen Testamentes: Gott als Vater, der seine Familie liebt, für sie sorgt und sie schützt?
Ein Kind orientiert sich in seinem Weltverständnis nur allzusehr an seinem Vater. Wenn der nun ausfällt? Wie soll der Junge, der den Aufsatz schrieb, sich da zurechtfinden?
In der Bibel steht: „Wehe dem Menschen, der einem dieser Kleinen Anlaß zur Sünde wird." Hier ist ein solcher Anlaß. Wissen Sie Abhilfe? Wissen Sie, wie der Mann heute seine Rolle als Vater erfüllen soll?

Trost durch Kranke

Ich erinnere mich an einen Krankenbesuch, bei dem mir der Kranke mehr Lebensmut gegeben hat, als ich vorher besaß. Dabei war ich mit umgekehrten Erwartungen in das Krankenzimmer gekommen. Der Patient war schon lange ans Bett gefesselt, und es gab für ihn nicht die geringste Hoffnung, wieder gesund zu werden. Ich hatte mich also darauf eingestellt, daß ich derjenige sein mußte, der Trost spendet und weiteres Vertrauen gibt – so schwer es auch sein mochte.
Und nun war das genaue Gegenteil eingetreten. Ich war es, der neuen Mut zum Leben empfing. Ich ging gestärkt aus dem Krankenhaus hinaus. Wie konnte das geschehen?
Wir haben kaum Worte gewechselt. Indes spürte ich einen Menschen vor mir, der die Fähigkeit hatte zu leiden. In seinem Leben war Kranksein nicht etwas, das eigentlich verbo-

ten ist. Leiden war diesem Menschen offenbar nicht einfach etwas Sinnloses, Absurdes. Seine hilflose Lage erschien ihm durchaus lebenswert, und seine Krankheit strahlte eine Hoffnung aus, die weit mehr war als eine Hoffnung auf Gesundheit. Ich kann es nicht anders sagen: dieser Kranke verlieh seinem Leiden eine gewisse Würde. Das war nicht, wie Sie vielleicht meinen, eine fromme Ergebenheit oder eine demütige Resignation – es war wirklich Würde, um nicht zu sagen Kraft, die von diesem Leidenden ausging. Das ist gewiß eine seltene Begegnung. Ich kenne ganz andere, dunklere Krankenbesuche mit den Zeichen der Verzweiflung.
Dennoch mußte ich erfahren, daß es auch dies gibt: das Zeugnis eines Menschen, der dem Leiden in seinem Leben einen sinnvollen Platz einräumt. Das hat mich tief bewegt. Denn wir leben doch sonst in einer Umwelt, die das Leiden täglich verdrängt. Die Kranken – sie haben keinen Platz mehr bei uns. Sie beunruhigen uns nur, weil sie uns an etwas erinnern, was nach unserer Meinung eigentlich nicht sein darf. Bestenfalls bewegt uns Mitleid. Aber auch Mitleid ist bei uns etwas geworden, dessen man sich eigentlich schämt. Und dies in einer Gesellschaft, in der sich immer noch viele Christen nennen.
Mir ist jedenfalls klargeworden: ich bin bei diesem Krankenbesuch einem Menschen begegnet, der seine Hoffnung auf einen gekreuzigten Erlöser glaubwürdiger bezeugt, als viele fromme Worte es vermögen. Und das hat mir neuen Mut gegeben, in einer Welt zu leben, wo das Leiden seinen Platz haben darf, ohne daß man gleich verzweifeln muß.

„Nicht für tausend Dollar"

Ein sozial sehr engagierter Hollywoodstar besuchte auf seiner Weltreise eine Leprastation. Wir Europäer können uns zumeist kaum vorstellen, wie furchtbar diese Krankheit den Menschen zurichtet. Aussätzig nennen wir ihn, weil ein Leprakranker im wahrsten Sinne des Wortes aus der menschlichen Gesellschaft ausgesetzt ist. Früher verfaulte er am lebendigen Leibe, allein oder hoffnungslos isoliert unter seinesgleichen. Heute gibt es Leprastationen, in denen diesen Kranken in ihrer oft ausweglosen Lage beigestanden wird. Der Hollywoodstar war bei seinem Besuch zutiefst schokkiert über die ekelerregende Krankheit. Er sagte zu der Ordensschwester, die die Kranken pflegte: „Ich glaube, für 1000 Dollar pro Tag würde ich Ihre Arbeit nicht tun, Schwester." Die Schwester gab die entwaffnende Antwort: „Ich auch nicht!"

Es gibt Dinge, die kann man nicht für Geld tun. Ein mächtigeres Motiv als Geld und Reichtum muß uns treiben, damit wir zu höchstem Einsatz fähig sind: Ehrgeiz zum Beispiel oder auch Haß und Angst können den Menschen Übermenschliches leisten lassen.

Aber dann gibt es Dinge, die selbst den Ehrgeiz, den Haß und die Angst lahm legen: dort, wo es nichts mehr zu gewinnen gibt, weder für sich selbst, noch für andere. Wo jeder Einsatz erfolglos scheint, ohne Reaktionen, ohne Antwort – da mag der Mensch dann nichts mehr tun.

Und dennoch: es gibt Frauen und Männer, die sich einsetzen in den Siechenheimen, etwa bei den hoffnungslos Kranken, in den geschlossenen Häusern, wo das unsagbare Elend von den Gesunden abgeschirmt und nicht wahr genommen wird. Männer und Frauen, die unbeachtet von der Öffentlichkeit ihre ganze Kraft, ihr ganzes Lebensglück einsetzen für – scheinbar Sinnloses, Lebensunwertes.

Es ist einfach zu sagen: sie handeln so, weil sie den Menschen lieben. Auch wenn diese Liebe nie erwidert wird? Auch wenn sie zu keiner Veränderung, zu keinem Fortschritt führt?

Ich glaube, daß solche Menschen, die so handeln gegen alle Hoffnung, die lieben ohne jede greifbare Antwort, dieses allein darum vollbringen, weil sie aus einer religiösen Verantwortung leben. Ihre Liebe zielt auf jemanden, den sie hinter aller Hoffnungslosigkeit, hinter aller Sinnlosigkeit immer noch finden.
Es muß uns nachdenklich machen: dort wo Menschenliebe am schwersten scheint, wird sie dennoch gelebt, wenn sie mit der Gottesliebe in Eins fällt. Menschenliebe und Gottesliebe gehören sehr eng zusammen. Das hat Jesus von Nazareth gewußt, als er von dem Hauptgebot sprach: „Du sollst den Herrn, deinen Gott lieben mit ganzem Herzen, mit ganzer Seele und mit all deinen Gedanken. Das ist das wichtigste und erste Gebot. Ebenso wichtig ist das zweite: Du sollst deinen Nächsten lieben wie dich selbst. An diesen beiden Geboten hängt alles." (vgl. Mt 22, 37–40)
Diese beiden allein, können wir hinzufügen, lassen die Menschlichkeit selbst dort noch hineinreichen, wo sonst nur die Hölle zu sein scheint.

Chance der Vergebung

Ein Kind kam weinend zu mir und wollte unter keinen Umständen nach Hause zurück. Das war für mich umso bestürzender, weil ich die Eltern als ehrbare, eifrige Christen kannte und es mir unfaßbar schien, daß sie ihr Kind grausam behandelt hätten. Schließlich stellte sich dieses heraus: Das Kind hatte gelogen, es wurde hart bestraft. Das Kind log weiter, die Strafen wurden härter – bis es zur Explosion kam und das Kind schließlich nicht mehr zu den Eltern zurück wollte.
Ich bin zu den Eltern gegangen und fand zwei ganz und gar unglückliche, ja verbitterte Menschen vor. Sie waren überzeugt, daß sie sich ihrem Kind gegenüber richtig verhalten

haben. „Wir konnten gar nicht anders, Herr Pastor. Lügen ist eine Sünde. Unser Gewissen verbietet es doch, dieses dem Kind durchgehen zu lassen."

Das ist gerade unter rechtschaffenen Leuten nichts Seltenes, daß sie durch ihre Religion freudlos, hart und verbittert werden. Sie fühlen sich in einem moralischen System, das sie in eine Art Vollkommenheitswahn bringt. Sünde und Schuld sind bei ihnen nicht nur böse und falsch – sie dürfen überhaupt nicht vorkommen. Mit einer Schuld darf man sich nicht sehen lassen. Es ist eine grausame Welt, ohne Vergebung und ohne Barmherzigkeit, in der sie leben.

Der Glaube der Christen an Vergebung schenkt uns aber die Kraft, unserer Schuld ins Auge zu sehen und sie nicht zu verdrängen. Die Hoffnung auf Vergebung macht uns frei. Diese Hoffnung kann befreien von einer tiefsitzenden Angst, die uns ständig entmutigt, ja zu sagen zum Leben – auch zu einem unvollkommenen Leben. Der Glaube an eine Vergebung läßt Menschen fähig werden, Verantwortung zu tragen, obwohl es oft so scheint, daß unsere Macht zu zerstören und zu erniedrigen immer größer sei, als unsere Fähigkeit zu bejahen und zu lieben.

Das Kind floh aus seinem Elternhaus nicht, weil dort die Wahrhaftigkeit gefordert wurde – es floh, weil es bei den Eltern keine Chance der Vergebung sah. Die Eltern, die ihr Kind christlich – und das heißt auch wahrhaftig – erziehen wollten, verhielten sich dennoch ohne es recht zu wissen, zutiefst unchristlich. Ihnen war ihre Religion unter der Hand zu einem Moralsystem geworden, das unbarmherzig eingefordert werden muß. Sie waren Gefangene einer rigorosen oft selbstgerechten und freudlosen Moral geworden.

Es bedarf nicht weniger Anstrengungen, sie aus solcher Gefangenschaft zu befreien und ihrem Kind eine Heimat wiederzugeben, in der Sünde weiter Sünde genannt wird, in der es aber auch die befreiende Hoffnung auf Vergebung unserer Sünden gibt. Christentum will keine Religion der Angst sein. Es will dem Menschen Hoffnung geben, leben zu können auch dort noch, wo er zu scheitern scheint.

Fromme Sprüche?

Der Pastor kommt doch bloß mit frommen Bibelsprüchen, meinen nicht wenige und hören weg. Da ist so ein frommer Spruch: „Kommt alle zu mir, die ihr euch plagt und schwere Lasten zu tragen habt. Ich werde euch Ruhe verschaffen." (Mt 11,28) Wirklich nur ein frommer Ausspruch Jesu?
Mir scheint: dahinter steht ein außerordentlich aktuelles Programm: nämlich das Eintreten für eine Minderheit, die wir kaum wahrhaben wollen und die doch täglich wächst. Ich meine die Zahl derer, die seelisch krank sind, die einfach nicht mehr können, die den Nervenarzt aufsuchen müssen und dann meinen, damit eine Bankrotterklärung ihres Lebens vor anderen abgegeben zu haben.
Denn tatsächlich beginnt man im Bekanntenkreis zu munkeln, wenn es heißt: Was – die oder der hat den Psychiater aufsuchen müssen? Was da wohl nicht stimmt? Und schon beginnt eine Art von Schnüffelei, ein Mutmaßen, ja Verdächtigen. Viele gehen darum viel zu spät zu dem Arzt oder zu den Männern und Frauen in den Beratungsstellen, die ihnen in ihrer seelischen Not helfen könnten.
Man hat eben keine Probleme zu haben. Und wenn man sie hat, dann muß man damit fertig werden oder sie wenigstens nicht zeigen. Denn: wie heißt es doch in einer Operette: wie es darinnen aussieht, geht niemanden etwas an.
Wirklich nicht? Ich kann in diesem Sachverhalt nichts anderes sehen, als eine Art von Unbarmherzigkeit in unserer Gesellschaft. Gerade die Menschen, die sich auf das Christentum berufen, müssen solchem Trend zur Unbarmherzigkeit entgegentreten. Wir sollten Mut machen, rechtzeitig zu weinen, zu schimpfen aber auch unverkrampfte Freude zu zeigen und meinetwegen Ausgelassenheit. Die Verpflichtung zum Grinsen ist wie die Verpflichtung zum Gebrauch des Ellenbogens etwas, was zwar immer wieder gefordert wird, aber viele seelisch krank macht.
Das altmodische Wort von der Seelsorge hat einen moderneren Klang als viele wahrhaben wollen. Dabei könnten Seelsorger für andere nicht nur die sein, die dafür studiert

haben. In gewissem Maße können wir es alle sein. Schon dadurch, daß wir unseren Mitmenschen Mut machen, seine Kümmernisse nicht zu verdrängen, sondern sie offen auszusprechen. Daß wir dies ertragen, heißt schon, daß wir den Anfang machen, solche Lasten mitzutragen.
„Einer trage des anderen Last, so erfüllt ihr das Gebot des Herrn", heißt es in der Bibel. Und das scheint mir wiederum eine nicht bloß fromme, sondern auch hochaktuelle Aufforderung zu sein.

Einmal im Jahr Post

Der Pfarrer kommt zu einer alten Frau, die er regelmäßig jede Woche besucht. Er sagt: „Die nächsten vier Wochen komme ich nicht zu Ihnen. Da mache ich meinen Urlaub."
Sagt die alte Frau: „Da freue ich mich aber, Herr Pastor!"
„Warum freuen Sie sich denn, wenn ich nicht zu Ihnen komme?" fragt der Pfarrer erstaunt zurück. Die Antwort der Frau: „Dann bekomme ich endlich einmal im Jahr Post."
Diese Geschichte ist hart, aber sie ist leider nicht erfunden. Einsame Menschen gibt es in unserer Massengesellschaft überall – nicht nur alte, auch junge.
Der Pfarrer übrigens erzählte diese Begebenheit im Jugendkreis seiner Gemeinde. Seitdem bekommt diese einsame Frau viele Grüße aus den Ferien.
Aber warum bedarf es solcher Anstöße? Warum kommen wir von selbst nicht darauf, wie ein jeder angewiesen ist auf andere? Einsam, total einsam, kann keiner leben.
Eine andere alte Frau, die ich besuchte, sagte mir: „Ich bin nicht einsam, Herr Pastor. Ich habe meine Nachbarn. Und wenn die nicht da sind, habe ich den lieben Gott."
Ich möchte Ihnen beides wünschen: gute Nachbarn und ein festes Verhältnis zu Gott.

Unser Leben – ein Weg und keine Festung

Nicht wenige Menschen haben dem lieben Gott in ihrem Leben die Rolle eines Schutzmannes zugedacht. Er hat aufzupassen, daß ihnen kein Unglück geschieht. Sie vertrauen auf Gottes „Vorsehung".

Ist der liebe Gott eine Art Weltfeuerwehrmann? Ich halte von einem solchen Gottesbild nichts. Denn zu offensichtlich ist der Gott, den uns die Bibel schildert, gar nicht stets darauf bedacht, die privaten und öffentlichen Katastrophen dieser Welt zu verhindern. Nüchterne Zeitgenossen haben das am eigenen Leibe erlebt. Sie behaupten darum: Gott gibt es nicht. Tatsächlich gibt es d e n Gott nicht, den sie sich vorgestellt haben. Sie haben ein falsches Bild von ihm zerstört. Aber Gott selbst? Er lebt! Er sichert uns zwar nicht ab. – Und wir sind nicht einmal sicher vor ihm.

Wir wollen aber sicher sein! Fast alle unsere Ängste kommen daher, daß wir uns nicht sicher genug fühlen. Technik, Geld, Politik bringen das nicht zuwege, auch eine dicke Lebensversicherung nicht. Also bedient man sich abergläubischer Merkwürdigkeiten, die helfen sollen: Tischrücken, Talismann, die böse 13 und dergleichen. Andere entwerfen sich ein Bild von Gott, der sie auf Erden sichern soll.

Gott will aber gar nicht, daß wir hier sicher sind. In dieser Welt sind wir unterwegs und nicht zu Hause. Unser Leben ist ein Weg und keine Festung.

Was bedeutet dann aber Gottes Vorsehung? Sie besteht darin, daß Gott unser Ziel jenseits dieser Welt im Auge hat. Für unseren Weg durch diese Welt schließt das die Unsicherheiten, Katastrophen und Ängste nicht aus. Aber Gottes Treue zu uns gibt dem allen einen Sinn. Denn seine Vorsehung sorgt für das gute Ende. Wer daran glaubt, liefert sich diesem Gott aus und verlangt von ihm nicht, daß er der Weltverkehrsschutzmann sei.

Ein Gott nur für Katastrophen?

Warum erinnern wir uns oft nur an Gott, wenn Katastrophen eingetreten sind? Dann gibt es fromme Schlagzeilen in der Zeitung. Dann ist der Pfarrer gefragt als Trost- oder Trauerredner oder als Patentantworter auf die Frage: Wie kann Gott das zulassen? Wenn ein Schicksalsschlag uns getroffen hat, dann beginnen viele sich zu erinnern, daß man auch beten könnte.

Es ist richtig: Wir sollen Gott anrufen, wenn wir oder andere in Not sind. Aber wir sind mit unseren Rufen zu Gott sehr einseitig. Als ob er nur im Spiele ist, wenn ein Unglück passiert, eine Flutkatastrophe, ein Erdbeben, ein Eisenbahnunglück.

Das Wort „danke" wird an die Adresse Gottes viel weniger gesagt: Wir vergessen, daß Er auch beteiligt ist, wenn es uns gut geht, wenn wir in Frieden leben, ein gutes Auskommen haben, eine schöne Ferienreise machen.

Wenn wir hören, daß der „Wille Gottes" irgendwo geschehen muß, fürchten wir immer gleich, es ginge um etwas Schreckliches, Schicksalhaft-Schweres. Daß Gott auch unsere Freude, unser Glück wollen könnte, kommt uns weniger in den Sinn.

Darum macht das Danken in guten Tagen auch keine Schlagzeile. Und bei den Leuten, denen es rundum gut geht, ist der Pfarrer am wenigsten gefragt.

Ich meine: Katastrophen gibt es in der Welt genug und auch Freude und Erfolg. Es gibt darum auch immer Grund genug, zu bitten u n d zu danken. Nur das eine tun und das andere unterlassen, solche Frömmigkeit ist sehr verdächtig.

„Jesus ist besser als Hasch"

„Jesus ist besser als Hasch", unter dieser verblüffenden Überschrift wurde in einer Illustrierten ein Bericht veröffentlicht, der eine Bewegung unter der Hippie-Jugend Amerikas schilderte. Es breitet sich in diesen Kreisen ein neues religiöses Schwärmertum aus, sozusagen als Rauschgift-Ersatz.

„Jesus an Stelle von Hasch?" Gott sei Dank, werden vielleicht manche sagen. Andere werden peinlich an den alten Spruch erinnert: „Religion ist Opium für das Volk" – diesmal also für die mißgeleitete Jugend.

Welch ein merkwürdiger, in der Menschheitsgeschichte immer wieder auftauchender Zusammenhang zwischen Rausch, Rauschmittel und – Religion. Der Schriftsteller Ernst Jünger sagte einmal: „In einer Zeit, in der unsere Gesellschaften wenig Öffnungen anbieten zu metaphysischen, religiösen und patriotischen Idealen, finden gewisse Bedürfnisse keine Befriedigung mehr. Die Jungen suchen andere Welten, und manchmal finden sie sie im Hasch." Und jetzt also finden sie die Befriedigung dieser Bedürfnisse wieder in der Religion? Als Pfarrer bestürzt und bestätigt mich dieser Tatbestand zugleich.

Er bestätigt mich: in der Überzeugung nämlich, daß im Menschen ein unausrottbares Verlangen lebt, jenseits aller Erfahrungsgrenzen zu kommen, unsere meßbare, mit Zahlen, Fakten und Computerwissen beschreibbare Welt zu übersteigen. „Ich muß ein Loch in die Mauer bohren, um über die Grenzen der Erziehung, der Erfahrung, der Zivilisation hinwegzukommen", sagt der englische Philosoph Aldous Huyley, um zu begünden, warum er Rauschgift genommen hatte. Kürzer ausgedrückt heißt das: die Erfahrung dieser Welt – so sehr die Erfahrungen noch gesteigert werden mögen – genügt nicht.

Der Mensch schreit danach, diese Welt zu übersteigen. Aber mit Rauschgift oder Alkohol?

Das bestürzt mich, weil ich es für einen Selbstbetrug halte. Und es kann auch ein Selbstbetrug bleiben, wenn man Jesus stattdessen als Rausch bemüht.

Warum?
Weil der Mensch anerkennen muß, daß es nichts gibt – gar nichts – was ihm jetzt schon die Befriedigung seines unersättlichen Hungers verleiht: kein Rauschgift, kein Alkohol, kein Sexkonsum, keine Ideologie, heiße sie Lenin oder Rockefeller, und auch keine Religion, wenn sie Opium für diesseitigen Schmerz sein will. Allerdings: die ehrliche Religion kann uns Hoffnung geben, daß unser Verlangen einmal gestillt wird – aber nicht schon hier und jetzt. Ein solcher Rauschmittelersatz kann unverfälschte Religion nie und nimmer sein. Jesus ist – wer solche schnelle Befriedigung will – nicht besser als und ebenso trügerisch wie Hasch. Jesus kann aber ein Name sein, der unsere Hoffnung wachhält, daß wahr wird, was der Kirchenvater Augustinus vor über eineinhalbtausend Jahren schon gesagt hat – und er war ein Mann, der es wissen mußte, er hatte einschlägige Erfahrungen mit allerlei schnellen und vergeblichen Versuchen schon hinter sich gebracht, er sagte:
„Unruhig ist unser Herz, bis es ruhet, Gott, in Dir."

Die Welt lebt von ihren Minderheiten

Bei der Lektüre seiner Zeitung holt man sich gern die Bestätigung dafür, daß man richtig liegt. Daß man denkt, was viele denken. Daß man tut, was alle tun. Begierig greift man zu den Statistiken. Sie sind die modernen Dogmen geworden. Sie verkünden, was Norm ist, was die meisten tun und die Mehrheit meint. Ist die Angleichung an den Massengeschmack die Ersatzreligion unserer Tage geworden?
Junge Menschen vor allem ahnen, daß solcher Weg des Gewöhnlichen nicht ohne weiteres schon gut ist. Sie protestieren gegen das, was jedermann tut und stehen in Opposition zur Welt des Herkömmlichen.
Ihr Empfinden ist durchaus richtig. Wenn sie auch oft blind-

wütig sind. Denn damit, daß man die Dinge einfach auf den Kopf stellt, liegen sie noch nicht richtig. Man muß ein neues Ziel wissen, das die Welt über ihren hoffnungslosen Durchschnitt hinaushebt.

Der Mensch, der an Gott glaubt und nach der Botschaft des Evangeliums lebt, gehört ebenfalls zu den Außenseitern, die sich nicht begnügen können, die Welt auf dem Trampelpfad des Gewöhnlichen zu belassen.

Ihr geistiger Hunger ist größer, ihr Anspruch totaler, ihr Leben ihnen immer mehr als nur der Augenblick. Für sie sind die Horizonte dieser Welt aufgerissen in das unerschöpfliche Abenteuer hinein, das für sie Gott heißt. Die Sache Gottes fasziniert sie.

Es wird wohl zu allen Zeiten so sein, daß die wirklich Christgläubigen zur Minderheit gehören.

Aber gibt es nur die Minderheit, die man getrost belächeln kann? Auch die Goldmedaillengewinner eines Wettkampfes sind immer in der Minderheit. Die wirklichen Fachleute, sie alle bilden Minderheiten, und niemand kann und will auf sie verzichten. Die Welt lebt von ihren Minderheiten.

Es spricht darum nicht schon gegen die Sache Gottes, wenn sie von einer Minderheit getragen wird.

„Ihr seid das Salz der Erde“, sagte Jesus Christus seinen Anhängern. Und er wußte sicher, daß Salz nur den geringsten Teil der Speise ausmacht. Ohne Salz aber ist das Ganze ungenießbar.

Ein lachender Jesus?

Es soll Leute geben, denen es gar nicht in ihren frommen Haushalt paßt, daß Jesus sein öffentliches Auftreten bei einer Hochzeit begann und gar noch mit einem so überflüssigen Wunder wie die Verwandlung von Wasser in Wein zum ersten Mal seine Herrlichkeit offenbarte. Aber so bezeugt es die Bibel.

Merkwürdig genug, mir fällt kein Bild ein, daß Jesus als einen fröhlichen, lachenden Menschen darstellt. Ernst, gütig, majestätisch, entschlossen und leidend zeigen uns die Maler sein Antlitz – aber fröhlich und lachend? Paßt denn das nicht zu ihm? Nun, ich bin fest überzeugt, daß Jesus bei seinem ersten Wunder, bei der Hochzeit zu Kana, sehr fröhlich war und gelacht hat.

Warum verdächtigen manche sogenannte „Fromme" so leicht die fröhlichen Gaben dieser Erde? Es will ihnen oft gar nicht in den Sinn, daß die Dinge dieser Erde auch „das Herz erfreuen" können, wie es doch etwa vom Wein in der Bibel heißt: „Der Wein erfreut des Menschen Herz." (Psalm 104) Manche sehen in diesen Gaben der Erde häufig zu schnell einen gefährlichen Angriff gegen unsere Sinne, die Einfallstore der Sünde. So können Christen in den Ruf kommen, muffige Verächter der Fröhlichkeiten dieser Welt zu sein. Damit können sie sich aber keineswegs auf Jesus berufen.

Er gehört nicht zu den Verächtern solcher Freuden, freilich auch nicht zu ihren sklavisch Abhängigen. Er sorgt für den ausgegangenen Wein, er läßt sich unbekümmert den Vorwurf der damaligen „Frommen" gefallen, die sagen: „Dieser Mensch ist ein Fresser und Säufer" (Lk 7, 34). Er geht zu Festen, seine Gleichnisse wählen mit Vorliebe das Bild einer Hochzeitstafel, seine Jünger, die keine finsteren Fastenfanatiker sind, verteidigt er: „Können denn die Hochzeitsgäste fasten, solange der Bräutigam bei ihnen ist?" (Mk 2, 19) All dies zeigt die Freude Jesu auch an den angenehmen Dingen unserer Menschenwelt. Er will nicht, daß seine Jünger sie verachten, er will, daß wir sie richtig genießen.

Natürlich weiß er auch um den Mißbrauch dieser Dinge und warnt davor in harter Sprache, aber nirgends steht in der Bibel, daß die Freuden dieser Welt, schlechthin nur als Mißbrauch denkbar sind. Manche überfromme Bücher und Seelen scheinen da einen anderen Text vorauszusetzen. Lassen wir uns nicht sauer machen! Alles hat seine Zeit, das Weinen wie das Lachen. Auf das rechte Maß kommt es an, und daß das Herz daran beteiligt ist. Es gibt die Maske der Fröhlichkeit, und sie ist albern, wie es auch die Maske unehrlicher Trauer gibt, und die ist peinlich. Es gibt auch das hemmungslose Amüsement, bei dem das Herz zerstört wird – aber warum sollen wir diese Zerrbilder beschwören, um das richtige, das ehrliche Lachen zu denunzieren? Gott will auch den lachenden, den singenden Menschen, oder er hat den Menschen gar nicht gewollt. Christliche Trauerweiden und passionierte Trübsalbläser sind nicht die Menschen, die wir als Heilige bezeichnen. Der heilige Franz von Sales hat vollkommen recht, wenn er sagt: „Mit einem Löffel Honig fängt man mehr Fliegen als mit einem ganzen Faß voll Essig."

Zum Rosenmontag

Kennen Sie den?
Ich meine den Witz? Ein Pfarrer besteigt die Kanzel und beginnt seine Ansprache mit den Worten: „Liebe Christen, die Predigt fällt heute aus, denn ich habe Euch etwas zu sagen."
Rosenmontag.
Kennen Sie den?
Eines Tages besucht ein Bauer (es kann auch ein Manager gewesen sein), der lange krank gewesen ist, seinen Pfarrer. „Das freut mich aber", sagte er. „wie geht's denn?" „Danke, schon besser, aber arbeiten darf ich noch nicht. Das

Schlimmste ist die Langeweile, wenn man den ganzen Tag nur so herumsitzt." „Dagegen habe ich ein gutes Mittel", sagte der Pfarrer und holte aus seinem Bücherschrank die Schwänke von Till Eulenspiegel heraus. „Dabei wird Ihnen die Langeweile schon vergehen." Nach einiger Zeit bringt der Bauer das Buch zurück. Als der Pfarrer fragt, wie es ihm gefallen habe, sagt der Bauer: „Gut hat's mir gefallen. Manchmal hätte ich fast lachen müssen, wenn ich nicht gewußt hätte, daß es Gottes heiliges Wort ist."

Kennen Sie den?

Am Straßenrand steht ein Motorradfahrer, der sein Fahrzeug nicht in Gang bekommt. Immer wieder tritt er auf den Anlasser und flucht dabei gottserbärmlich. Da kommt der Pfarrer vorbei und sagt: „Fluchen Sie doch nicht so schrecklich, Mann! Sagen Sie ‚Mit Gott', und dann wird's schon gehen." „Ich kann's ja mal probieren", sagt der Mann ohne Hoffnung, tritt auf den Anlasser, sagt ‚Mit Gott' und siehe da: der Motor springt an. „Verdammt noch mal", sagt der Pfarrer, „das hätte ich nicht gedacht!"

Haben Sie schon einmal daran gedacht, daß Karneval besonders herzhaft dort gefeiert wird, wo die Kirche sehr im Volk und im Brauchtum verwurzelt ist? Landschaften ohne Kirchen kennen wenige Feste. Offenbar hat ein religiöser Mensch doch mehr zu lachen als andere, oder?

Kennen Sie den?

„Ich habe geträumt", erzählt der Schäl, „ich sei tot und käme oben beim Herrgott an. ‚Gestatten, Schäl', sage ich, ‚Angenehm, lieber Gott', antwortet er. Dann ließ er sich sofort in eine Unterhaltung mit mir ein. Ich fragte ihn: ‚Sag' einmal, lieber Gott, wie lange sind für Dich eine Million Jahre?' Er strich sich den Bart und sagte: ‚Ein Minütchen.' ‚So', sagte ich, ‚wieviel ist denn für Dich eine Million Mark?' Er antwortete: ‚Ein Groschen.' ‚Dann sei so gut und leihe mir einen Groschen.' Und was war seine Antwort? ‚Warte ein Minütchen!'"

Also ehrlich – Sie gehören nicht zu den Leuten, die bei dem Wort Religion gleich eine feierliche Miene aufsetzen? Dann befragen Sie sich selbst: woran denken Sie, wenn Sie sagen oder irgendwo hören: es geschehe Gottes Wille? Sie denken an etwas Hartes, Schweres, Unvermeidliches, in das man

sich schicken muß? Und haben dann so nebenbei vergessen, daß Gottes Wille auch dann und wohl gerade dann geschieht, wenn wirklich Freude und lachen des Menschen Herz erfüllt. Trübsalbläser sind nicht die Musikanten Gottes. Wirklich nicht! Oder?
Kennen Sie den?
In der Beichte bekennt ein Mann seine Sünden folgendermaßen: „Ich habe viel geflucht, aber dafür viel gebetet, das gleicht sich aus. Ich habe viel getrunken, aber dafür oft gefastet, das gleicht sich aus. Ich habe viel gestohlen, aber dafür viel verschenkt, das gleicht sich aus." Da verliert der Beichtvater die Geduld, und er schreit ihn an: „Gott hat Sie erschaffen, und der Teufel wird Sie holen – das gleicht sich aus."
Ich wünsche Ihnen einen schönen Rosenmontag. Oder?

Zum Aschermittwoch

„Was müssen wir als erstes tun, damit uns unsere Sünden vergeben werden?" fragt der Pfarrer im Religionsunterricht. Fritzchen weiß die Antwort: „Zuerst müssen wir sündigen."
Natürlich soll dies kein Kommentar auf die närrischen Tage im Nachhinein sein. Dennoch: der Aschermittwoch zeigt uns die Kehrseite des menschlichen Daseins: wir haben nicht nur Grund zum Lachen, zum Lachen über uns selbst und über unsere Welt – wir haben auch genügend Grund zum Weinen, zum Weinen wiederum über uns selbst und über unsere Welt. Wer das verkennt, der verkennt den Menschen. Wer nichts zu weinen hat, der hat auch meistens nichts zu lachen. In der Bibel steht der Satz: „Das Weinen hat seine Zeit, und das Lachen hat seine Zeit. Das Trauern hat seine Zeit, und das Tanzen hat seine Zeit." (Koh 3, 4)
Aber nicht selten versuchen wir, die dunkle Seite unseres Le-

bens, die Kehrseite unseres Lachens sozusagen, zu überspielen. Aschermittwoch findet für viele nicht statt. Bezeichnenderweise gerade dort nicht, wo man auch Karneval nicht so richtig zu feiern versteht. In solchen Gegenden winken von vielen Werbeplakaten Einladungen zu Faschingsbällen bis kurz vor dem Karfreitag. Ein ziemlich gequälter Faschingsrummel hinter verschlossenen Türen, der die Zäsur des Aschermittwochs nicht wahrhaben will.

Aschermittwoch soll uns daran erinnern, wer wir auch sind: Asche. Ein jeder von uns wird Staub sein, in absehbaren Jahren schon. Und dieser Mittwoch will uns nahelegen, daß wir dieses Elend des Sterbenmüssens anerkennen, hinnehmen. Das kann ohne Protest nur der, der jenseits des Todes noch mehr erwartet als die hiesigen glücklichen Augenblicke. Der eine bessere, glücklichere unvergängliche Welt erwartet. – Für wen mit dem Tod allerdings alles aus ist, der hat nichts zu lachen. Der wird, solange er lebt, gierig nach jeder Lebensfreude greifen, wie ein Ertrinkender nach jedem Strohhalm. Er wird den Fasching auszudehnen versuchen, solange die Uhr noch läuft. Aber ist er wirklich glücklich? Ist nicht der am Ende glücklicher, der ehrlich zu weinen versteht?

Ich verteidige den Aschermittwoch. Karneval hat seine närrische, flüchtige Zeit. Doch dann folgt die Bereitung auf die unvergängliche, die große Freude hinter dem Tor des Todes. Darauf bereiten sich die Christen in freiwilliger Buße und Besinnung. Es schmerzt zwar. Denn wir wissen: auf Aschermittwoch folgt auch noch Karfreitag. Dann aber ist Ostern, das Fest der Auferstehung.

Alle diese Feste und Tage sind Markierungszeichen unseres Lebensweges. Man kann sie nicht überspringen, wenn man sein Leben nicht verfehlen will. Wer Karneval gefeiert hat, muß auch Aschermittwoch wollen. Wer das Lachen nicht verlernen will, darf auch das Weinen nicht verlernen.

Schwiegermuttertag

Es war eine wunderschöne Hochzeit. Alle nahmen teil an dem glücklichen Lächeln des Brautpaares. Alle freuten sich mit – besonders die Mütter. – Am nächsten Tag schon fuhren sie los. Der junge Mann nahm seine Frau mit in die Heimat, einige hundert Kilometer von hier entfernt. Ihre Mutter war mit an den Zug gegangen, hatte lange, lange noch gewunken, als die Schlußlichter schon nicht mehr zu sehen waren. In der Bahnhofshalle traf ich dann die Frau. Sie hatte verweinte Augen.

„Wenn man ein Kind in die Welt hinausschicken muß, das ist doch tausendmal schwerer, als wenn man es auf die Welt bringt", sagte sie nur als Kommentar.

Und ich begriff mit einem Mal, wie tapfer Mütter sein müssen, ihr ganzes Leben lang. Eine Tapferkeit, von der wir Männer und von der die jungen Leute fast keine Ahnung haben. Man hat die Lacher schnell auf seiner Seite, wenn man sich witzig über die Schwiegermütter ausläßt. Aber trifft nicht auch hier häufig genug das Sprichwort zu: wer den Schaden hat, braucht für den Spott nicht zu sorgen?

Den Schaden, sprich den Verlust, haben die Schwiegermütter. Ihr Fehler besteht zuweilen darin, daß sie den Verlust ihres Sohnes, ihrer Tochter nicht einfach hinnehmen wollen. Daß sie sich gegen das Schicksal fast aller Mütter wehren, das Liebste, was sie besitzen, fortgeben zu müssen. – Aber ist das so unverständlich? Wer von uns wehrt sich nicht, wenn man ihm etwas nehmen will? Wessen Herz blutet nicht, wenn wir tatenlos zusehen müssen, wie andere uns nehmen, was wir selbst so sehr lieben? Und mögen die anderen noch so im Recht sein!

Ich meine, es ist hoch an der Zeit, die Tapferkeit der Mütter anzuerkennen und zu preisen, die ihr Kind hingeben mußten – nicht an den Tod, sondern an das Leben, aber an ein Leben, das nicht ihr eigenes, eng umgrenztes ist. Das Wort von unserer Seite, das wir für diese Mütter finden müssen, heißt: Dankbarkeit, erfinderische Dankbarkeit. Wunden, die man nicht beseitigen kann, versuchen wir doch wenigstens klein zu halten und den Schmerz zu lindern. Spotten wir also nicht nur billig über die Schwiegermütter. Und wenn wir einmal im Jahr Muttertag feiern, warum eigentlich kann es nicht auch ein Schwiegermutter-Tag werden? –

Die Sache mit dem lieben Gott (1)

In der „Geschichte eines Knaben" von Ernst Wiechert heißt es: „Und sie kamen überein, daß die Sache mit dem lieben Gott bedenklich stehe. Weder Väter, noch Lehrer, noch Pfarrer sprachen zu seinen Gunsten. Die Absetzung erfolgte ohne wesentliche Konflikte."

Zweifellos haben nicht wenige Menschen schon in jungen Jahren diese Absetzung Gottes in ihrem Leben vollzogen. Die Frage nach Gott berührt sie nicht mehr. Wieso kann es zu dieser heimlichen Übereinkunft vieler Zeitgenossen kommen, daß die Sache mit dem lieben Gott bedenklich steht?

Die Sache mit dem lieben Gott ist *eine alte Sache,* und das setzt sie nicht in ein gutes Licht. Wir Menschen heute haben kein Vertrauen mehr in die ganze alte Welt der überlieferten Autoritäten. Autoritäten sind uns überhaupt verdächtig, wir haben den Verdacht, daß sie uns am Denken und kritischen Überprüfen hindern wollen. Es ist besser, sich nur an das zu halten, was man selbst als wahr erprobt und erfahren hat. Nur auf das Wort einer anderen Autorität hin zu glauben, scheint uns unwürdig. Die Religion mit ihrer Forderung, daß wir glauben sollen, gilt vielen als Versucherin und Verführerin zur geistigen Trägheit und Leichtfertigkeit. Glauben ist uns verdächtig, den Zweifel halten wir für redlicher.

Doch fordern alle Religionen nichts dringlicher als den Glauben. Darum – so scheint mir – steht ihre Sache schlecht.

Ist Glauben etwas Primitives, für den modernen Menschen

fast Ehrenrühriges? Lassen Sie uns dieser Frage einmal nachgehen, ganz unabhängig vom Bereich der Religion. Was glauben wir – oder besser: wem glauben wir noch in unserem Leben? Wir merken sofort, diese Frage hat etwas mit unserem Vertrauen zu tun. Kann ich jemandem vertrauen, kann ich also glauben, fest für wahr halten, was er mir sagt, und das in Dingen, die ich nicht selbst nachprüfen kann, wo ich ganz und gar auf sein Wort angewiesen bin? Solche Situationen gibt es doch mehr als genug. Und nichts bedrückt uns so sehr, als wenn nur Menschen um uns sind, denen wir mißtrauen müssen. Dann fühlen wir uns beengt, unfrei, das Leben hat keine offenen, freundlichen Horizonte. Wer keine Möglichkeit hat, einem anderen vertrauen zu können, wird zugeben, daß sein Leben arm ist. Wir wünschen uns Menschen, denen wir vertrauen können, weil wir spüren, wie unser Leben dadurch reicher und erfüllter wird. Wir sind zutiefst verwundet, wenn unser Vertrauen enttäuscht und mißbraucht worden ist. Gestehen wir: der Mensch will vertrauen, wir sind auf das Glaubenkönnen angewiesen. Das wird uns auch sofort beim umgekehrten Beispiel klar, am Typ des ständig mißtrauischen Mitmenschen. Ist er uns sympathisch, halten wir ihn für seelisch gesund? Nein, Mißtrauen, das uns begegnet, stößt uns ab und läßt uns traurig werden. Es ist eine Tatsache des menschlichen Lebens, daß wir ohne Vertrauen nicht auskommen, Vertrauen, das wir selbst schenken können und das man uns schenkt, – wir brauchen es.

Was hat das alles aber mit der Sache des lieben Gottes zu tun, die so schlecht steht? Gewiß ist sie damit nicht gerettet; nur daß die Religion Glauben verlangt, das dürfen wir ihr nicht übelnehmen. Darin ist sie weder unredlich noch unmenschlich.

Die Sache mit dem lieben Gott (2)

Die Sache mit dem lieben Gott steht schlecht, sie ist nicht mehr vertrauenswürdig, so denken viele Zeitgenossen.

Der moderne Mensch, der auf seine eigenen Kräfte, auf die von ihm konstruierten Maschinen und technischen Errungenschaften vertraut, ist erfolgreicher. Früher konnten Millionen frommer Mütter trotz ihrer inständigen Gebete den vorzeitigen Tod ihrer Kinder nicht verhindern, heute gelingt das einer naturwissenschaftlich-technischen Medizin, die dazu keinen Pfarrer braucht. Ganz grob gesagt, vertrauen heute viele Menschen darauf, daß unsere technische Welt ohne Gott die Probleme der Menschheit besser löst und immer besser lösen wird als frühere Zeiten, die mehr gebetet und auf Gott gebaut haben.

Ein zweites kommt hinzu: das Christentum hat in unserer Geschichte fast 2000 Jahre Zeit gehabt, den Menschen zu bessern und seine Welt von Bosheit zu befreien. Tatsache aber ist, daß die Christen nicht weniger verlogen, gierig, gehässig und verdrossen sind als die Menschen, die an keinen Gott glauben. Das Befremdliche an den Christen ist, daß sie uns so wenig befremden, hat einer gesagt. Sie sind genauso, wie wir alle, egoistisch, so satt und bequem. Ihre Religion ist also nicht zuverlässig, sie macht den Menschen nicht besser. Der Gott der Christen hat enttäuscht, er hat sein Versprechen nicht gehalten. Also wendet man sich von ihm ab.

Natürlich gibt es Verteidiger der Sache Gottes. Sie können mit Recht auf die Kehrseite unserer fortschrittlich-technischen Welt hinweisen, die es fertigbringt, die Menschheit vor ihren eigenen Werken zittern zu lassen, wie sie vielleicht noch nie vor einem Gott gezittert hat. Denn wer will sagen, ob die vielgepriesenen Maschinen nicht schon mehr Menschen getötet haben oder töten werden als sie je imstande sind, Menschenleben zu retten? Nur der kann sich eines allzu großen Selbstvertrauens und Siegesgefühles hingeben, der die Schattenseiten unseres Atomzeitalters noch nicht beklemmend genug gefühlt hat. Aber es sind schlechte Verteidiger des Glaubens, die auf die Kritik ihrer Glaubenswelt

nur mit der Kritik an unserer heutigen modernen Welt antworten können.
Ist diese Welt nicht vielleicht darum enttäuscht von Gott abgewichen, weil viele Prediger nicht genau gesagt haben, was Gott versprochen hat und an welche Bedingungen er seine Versprechen geknüpft hat? Vielleicht ist die Sache Gottes, von der man sich abgewandt hat, gar nicht immer die Sache des lieben Gottes. Wo steht denn in der Bibel geschrieben, daß etwa Beten eine bequeme Art sei, sich vor eigener Anstrengung zu drücken? Der Mensch muß und soll alle Kräfte seines Geistes in dieser Welt einsetzen, und er wird trotzdem immer an Grenzen kommen, wo er an den verwiesen ist, der mehr kann als er, zu dem er betet. – Oder wo steht geschrieben, daß Gott seinen Gläubigen Wohlstand, Bequemlichkeit und ruhige bürgerliche Zeiten, Freiheit von allem Bösen und ungetrübtes Glück als Tauschobjekt für den Glauben an ihn versprochen hat? In der Bibel steht geschrieben, daß Christus denen, die ihm nachfolgen, denselben Weg verspricht, den auch er gegangen ist: einen Weg durch Leiden, Sterben und Tod, auf den dann – und nur so – die Auferstehung in das ewige glückliche Leben erfolgt. Ob die Sache des lieben Gottes in den Augen vieler vielleicht darum so schlecht steht und unglaubwürdig ist, weil sie gar nicht die wirkliche Welt Gottes vor Augen bekommen haben? Vielleicht lehnt Gott die Sache auch ab, die sie ablehnen, aber haben sie darum auch schon das gefunden, was Gott wirklich meint und wirklich will?
– Und gibt es sie nicht doch – wenigstens hier und da – die Christen, die das leben, was sie verkünden?

Die Sache mit dem lieben Gott (3)

Die Sache mit dem lieben Gott steht schlecht in den Augen vieler Zeitgenossen. Das Gerede über Himmel, Ewigkeit, Sünde und Erlösung kommt ihnen spanisch vor. Ein Psychotherapeut, Prof. Albert Görres, beschreibt das so: Die letzten Dinge berühren den modernen Menschen kaum, ihm graut nicht vor der Schuld, Bosheit und Niedertracht entrüsten ihn wenig, Heilsangst liegt ihm fern, das Gewissen plagt nicht mehr, Buße und Sühne sind für ihn Begriffe aus dem Gruselkabinett, die Furcht, keinen gnädigen Gott zu finden, kennt er bestenfalls aus dem Geschichtsbuch und hält das für ein neurotisches Symptom.

Nun machen aber doch alle diese Begriffe wie Schuld, Sühne, Buße und Heil das Wesen der christlichen Religion aus. Wenn wir Menschen heute dafür so wenig eine Antenne besitzen, dann steht es eben wirklich schlecht um das Christentum. Es ist zu alt, es muß sich ändern, sagen die einen, – der Mensch von heute muß sich ändern – sagen die anderen, die Christen. Wer hat Recht?

Tatsache ist, daß die Menschen heute fasziniert sind von der Vielfalt der einzelnen Dinge, der Augenblick interessiert mehr als das Gestern und Morgen. Wir neigen dazu, Belangloses wichtig zu nehmen, weil es heute morgen in der Zeitung steht. Das Wesentliche, immer Gültige und Notwendige, langweilt uns. Wir sind wie versessen auf täglich neue Einzeleindrücke. Ganze Industrien sind aus dem Boden geschossen, um unser Konsumbedürfnis nach solchen Eintagserlebnissen zu befriedigen. Gott ist langweilig. Er ist kein Eintagserlebnis und gibt kaum eine Sensationsmeldung ab. Alles in unserer Welt ist eingestellt auf Genuß und Leistung, wobei der Genuß immer gröber, immer freudloser und immer weniger befriedigend wird. Das alles ist ein schlechter Boden für die Botschaft des Glaubens. Nicht der Verfall der Sitten und die Unwissenheit im Religiösen läßt den Christen erschrecken, sondern noch viel mehr die Verödung des Ackers, auf den das Wort Gottes gesät werden soll.

Und doch, ob die vielen Frommen nicht zu vorschnell urteilen, sich in ihren Schmollwinkel zurückziehen und nicht mehr fertigbringen, als zu klagen über die böse, die moderne Zeit und der guten alten Zeit nachtrauern? Dann stünde ihre Sache wirklich schlecht. Aber ist sie dann noch die Sache Gottes?
Gott hat seine Chancen auch heute; zuviele durchaus moderne Menschen merken langsam, daß mit dem Schwinden der Religion aus ihrem Leben sie und ihre Welt einen unersätzlichen Verlust erlitten haben. „Man spürt ein ungeheuerliches Absinken des Grundwassers, der Sympathie und Güte in der Welt“ (Albert Görres). Die Welt wird kälter, es gibt eine Sehnsucht nach dem wahren Menschen, der die Gestalt Christi in unserem Leben erfahrbar macht, und tritt irgendwo ein solcher Mensch auf, dann erlebt man, wie überraschend sich die Zeitgenossen ihm zuwenden, ganz gleich, welcher Herkunft sie sind. Denken wir an einen Mann wie Papst Johannes XXIII. oder an Mahatma Gandi, auch an Albert Schweitzer und die Mutter Teresa von Kalkutta. Wo Menschen selbstlos, arm und in Güte auftreten, etwa in der Gestalt einer Krankenschwester, einer immer hilfsbereiten Frau in der Nachbarschaft, – da geht es wie ein Aufleuchten durch ihre Umgebung. Wieviel Dankbarkeit, Liebe und Zuneigung strömt ihnen entgegen! Wo wirklich das Evangelium Christi gelebt wird, da fühlt sich auch der moderne Mensch angesprochen und hingezogen. Freilich ist Christus in solchen Menschen der anspruchslosen Güte leicht zu erkennen, während ihn viele Menschen für ein Gespenst halten, wie die Jünger auf dem See, wenn er ihnen, behängt mit allzu viel lateinisch-spanisch-byzantinischen Requisiten entgegentritt. Es bleibt dennoch wahr, unsere Zeit kennt eine Offenheit für den echten Christus. „Der Blinde in der Bibel, der dem Herrn nachschreit, und die Frau, die sich von hinten herandrängelt, um sein Gewand zu berühren, sie alle sind mitten unter uns, sie sind Zeitgenossen.“ (Albert Görres)

Halte ich solch' einen Tag überhaupt aus?
Bergpredigt (1)

Es gibt Sätze, die sehen ganz harmlos aus. Läßt man sich etwas näher mit ihnen ein, dann sind sie gefährlich wie Dynamit. Sie können unser Leben auf den Kopf stellen.
Die Bergpredigt der Bibel ist voll von solchen Sätzen. Hier ist einer: Jesus Christus sagt: „Was ihr von anderen erwartet, das tut ebenso auch ihnen." (Lk 6, 31)
Was will ich denn heute, das mir die Mitmenschen tun? Zunächst wäre ich froh für einen freundlichen Gruß – und wenn schon am frühen Morgen einer meine Arbeit von gestern lobt, würde ich den Tag mit ganz anderem Schwung angehen. Ich wollte, heute würde mir einer einen Teil meiner Arbeit abnehmen. Ich wollte, einer hätte Zeit für mich, mir zuzuhören. Ich wollte, es gäbe jemanden, der mich wirklich liebt und mich nicht nur ausnutzen will. Ich wollte, ich könnte heute jemanden irgend etwas bedeuten. Ich wollte . . . ach die Liste der Wünsche an das Verhalten meiner Mitmenschen ist unerschöpflich.
So vieles erwarte ich von ihnen, aber ich weiß schon zu dieser Morgenstunde, daß ich am Abend enttäuscht sein werde.
Da steht dieser Satz: „Was ihr von anderen erwartet, das tut ebenso auch ihnen."
Wenn ich ernst damit mache, wird das Leben meines Tages heute völlig auf den Kopf gestellt. Dann beginne ich jetzt schon, mich zu fragen, wem ich heute morgen nicht mehr mit brummigem Gruß begegne, sondern offen und freundlich, wen ich lobe für seine gestrige Arbeit, wem ich heute einen Teil seiner Arbeitslast abnehmen könnte, für wen ich Zeit habe, wem ich das Gefühl geben könnte, daß er mir etwas bedeutet. Ich erwarte nichts mehr. Ich bin heute vollauf beschäftigt, selbst zu erfüllen, was ich bislang von den anderen erhoffe. Wie soll das werden heute? Halte ich einen solchen Tag überhaupt durch?
Versuchen wir es, einen einzigen Tag lang und geben wir dann darauf die Antwort, wie es uns dabei ergangen ist.
Ich bin gespannt, ob wir nicht doch am Ende die Wahrheit

eines anderen Satzes aus derselben Bergpredigt am eigenen Leibe erfahren: „Suchet zuerst das Reich Gottes und seine Gerechtigkeit – alles andere wird euch dann nachgeworfen." (Mt 6, 33)

Angst vor einer gewissen Art von Liebe?

Bergpredigt (2)

> „Wenn ihr nur die liebt, die euch lieben, welchen Dank erwartet ihr dafür? Auch die Sünder lieben die, von denen sie geliebt werden. Und wenn ihr nur denen Gutes tut, die euch Gutes tun, welchen Dank erwartet ihr dafür? Das tun auch die Sünder. Und wenn ihr nur denen etwas leiht, von denen ihr es zurückzubekommen hofft, welchen Dank erwartet ihr dafür? Auch die Sünder leihen Sündern in der Hoffnung, alles zurückzubekommen. Ihr aber sollt eure Feinde lieben und sollt Gutes tun und leihen, auch wo ihr nichts dafür erhoffen könnt. Dann wird euer Lohn groß sein, und ihr werdet Söhne des Höchsten sein; denn auch er ist gütig gegen die Undankbaren und Bösen." (Lk 6, 32–35)

Wir kennen den Satz: „Liebet eure Feinde" schon von der Schule her zur Genüge. Aber wenn ich ihn mir ein zweites und drittes Mal ansehe und die Sätze daneben, dann spüre ich wie mein Alltagsleben aus seinen normalen Fugen gerät. Ich überlege: Wen liebe ich denn wirklich, welchen Kreis von Menschen habe ich gern? Da sind meine Freunde, die mir sympathisch sind, die mir nahestehen. Ihnen gegenüber bin ich zuweilen großzügig, kann eine Drei auch einmal gerade sein lassen. Da erwarte ich nicht unbedingt etwas zurück, wenn ich gebe. Aber sonst?

Wie oft ertappe ich mich dabei, daß ich freundlich bin, weil ich es mir mit jemandem nicht verderben will, daß ich eine Gefälligkeit leiste, weil ich darauf rechne, den anderen auch einmal gebrauchen zu können. Ich treibe mit Menschen meine Berechnungen. Ich behandle sie wie Figuren, ich brauche sie, wenn sie mir nutzen, ich lasse sie fallen, wenn sie für mich bedeutungslos sind. Und gebe ich schon einmal einem lästigen Bittsteller ein paar Münzen, von denen ich weiß, daß sie für mich hinausgeworfenes Geld sind – dann doch wiederum nur, um mir damit meine Ruhe einzuhandeln.

„Ihr sollt Gutes tun und leihen, auch wo ihr nichts dafür erhoffen könnt." – Mein Gott, wie weit bin ich von solcher Haltung entfernt. Meinem ärgsten Feind kann ich einen riesigen Blumenstrauß schicken, nur damit er mir gegenüber arglos wird und ich ihn um so sicherer stürzen kann. Aber lieben – den Feind lieben?

Seien wir ehrlich – hier scheint von uns gefordert zu sein, daß wir unser Herz aus uns herausreißen.

Das, genau das, will aber die Bergpredigt. Haben wir nicht entsetzliche Angst, daß wir uns dabei verwunden? Wir sind Rückversicherer bei unserer Selbstsucht. Wir wagen nichts und werden deshalb auch nichts gewinnen. „Wer sein Leben gewinnen will, wird es verlieren, wer es um meinetwillen verliert, der wird es gewinnen." So sagt Jesus.

Ob wir wirklich verlieren, wenn wir beginnen, den Feind zu lieben? Mich dünkt, es bleibt uns nichts anderes übrig, als die Worte der Bergpredigt wirklich durchzuprobieren. Eher können wir aus Erfahrung nicht mitreden.

Ein gepriesener Hunger
Bergpredigt (3)

„Wehe euch, die ihr jetzt satt seid, denn ihr werdet hungern. Wehe euch, die ihr jetzt lacht, denn ihr werdet klagen und weinen!“ (Lk 6, 25)
Auch das steht in der Bergpredigt. Soll man das glauben? Oder sollen wir lieber sagen: Bangemachen gilt nicht! Vielen von uns geht es gut. Wir haben satt zu essen. In den Augen des größeren Teiles der Menschheit, der hungert, haben wir gut lachen.
Dürfen wir uns unseres Wohlstandes nicht freuen? Ist das Christentum eine Predigt, die uns immer alles vermiesen muß? Wenn ich den Satz in der Bergpredigt lese, kommt mir diese Frage.
Aber wenn ich das „Wehe“ über die Satten noch einmal überdenke, dann frage ich mich, ob ich wirklich satt bin. Natürlich, was den knurrenden Magen anbelangt, den bekomme ich satt. Und ich meine, es wäre sogar unchristlich, dafür nicht Dank zu sagen und sich nicht darüber ehrlich zu freuen. Doch sind damit alle meine Probleme gelöst, ist damit all mein Hunger gestillt? Dann wäre ich wie ein Tier. Sind bei dem die Probleme des Magens gelöst, ist so ziemlich alles gelöst. Es gibt auch unter Menschen solche satten Exemplare. Ich vermute, auf sie trifft das Drohwort der Bergpredigt zu. Denn es leuchtet mir ein, daß es dem Menschen nicht erlaubt sein kann, freiwillig nur wie ein Tier leben zu wollen.
Doch um ehrlich gegen mich selbst zu sein: Mein Hunger, der mich schmerzt, ist nicht mit vollen Tischen und selbst nicht mit einem beruhigenden Sparbuch gestillt. Der Hunger nach mehr Verständnis und Vertrauen bei anderen, der Hunger mehr zu wissen, der Hunger besser zu sein, als ich bin, tapferer, gütiger, liebenswerter, wie kann er gestillt sein? Nein, ich gehöre nicht zu den Satten. Wenn ich auf mich schaue, ehrlich und ohne Krampf, dann finde ich nicht nur Gründe zu lachen. Es gibt in mir auch manches, das mich eher traurig stimmt. Ich gebe zu, darunter leide ich. Ich wollte, es wäre anders. Ich sage das nicht im Sinne einer

peinlichen Beichte. Ich sage das, weil ich vermute, daß viele Menschen ähnlich empfinden. Viele von uns sind nicht einfach zufrieden mit sich selbst. Wie begehren wir auf gegen unsere Grenzen und Beschränkungen. Manchmal fluchen wir sogar und sind böse auf jedermann, auf Gott und die Welt. Wir fühlen uns zu kurz gekommen. –

Sind wir satt, haben keinen Hunger mehr?

Nein.

Aber – sollen wir das wirklich bedauern?

Wenn ich jetzt noch einmal den Satz der Bergpredigt lese, dann dürfte es eigentlich kein unzufriedenes Stöhnen mehr geben über die Grenzen, die mir gesetzt sind. Denn ich finde Gnade, angesichts der Drohung: „Wehe euch, ihr Satten, denn ihr werdet hungern. Wehe euch, die ihr jetzt lacht, denn ihr werdet klagen und weinen."

Wirklich – ich muß die Worte der Bergpredigt öfter überdenken und beherzigen, um zu erfahren, wie sie meinem oft unzufriedenen Lebenshunger ein anderes Vorzeichen geben. Das „Wehe euch" könnte sich am Ende in ein „Selig seid ihr" wandeln. Gerade über unser hungerndes Leben, so wie es uns zuweilen bedrückt.

Liebe ist nicht kalkulierbar

Bergpredigt (4)

„Gebt, dann wird auch euch gegeben werden. In reichem, vollem, gehäuftem, überfließendem Maß wird man euch beschenken." (Lk 6, 38) Wieder ein Wort der Bergpredigt, dem gegenüber wir mißtrauisch sind. Denn ganz einfach gerechnet, muß ich mir doch sagen: Wann habe ich schon einmal etwa 100 Mark selbstlos weggegeben und doppelt dafür zurückerhalten? Ich glaube nicht an das einträgliche Geschäft mit der Nächstenliebe.

Glaubt die Bergpredigt daran? An anderer Stelle sagt Jesus: „So oft du gibst, soll deine Linke nicht wissen, was deine Rechte tut." (Mt 6, 3) Die meisten von uns sind Rechtshänder und zahlen mit der rechten Hand, aber die Linke hält dabei die Börse sehr fest und achtet genau darauf, was die Rechte tut. Wenn es um Geld geht und Besitz, den wir fortgeben sollen, dann sind wir sehr genaue Rechner.

Das Weggeben, das die Bergpredigt meint, ist aber überhaupt nicht berechnend. Darum ist der auf dem falschen Weg, der einzig deswegen gibt, weil er auf das „vollgehäufte überfließende Maß" spekuliert, das ihm nach dem zuerst zitierten Wort „in den Schoß gelegt werden soll". So geht es nicht. Man kann nicht berechnend freigebig und gütig sein. Und meines Erachtens sind geschäftliche Gebrauchsanweisungen „wie man Freunde gewinnt" nichts anderes als der Versuch, die Nächstenliebe vor einen sehr eigensüchtigen Karren zu spannen.

Der Versuch wird heute vielfach gemacht, aus Berechnung dem Nächsten gegenüber freundlich und großzügig zu sein. Und erstaunlicherweise ist dieser Versuch sehr erfolgreich. Studieren sie einmal die Gebrauchsanweisungen moderner Verkaufsmethoden. Sie werden sich wundern. Was beweist das? Es beweist, daß die Methode der Nächstenliebe selbst dort noch zu Buche schlägt, wo sie selbstsüchtig mißbraucht wird. Einfach darum, weil diese Methode nicht kleinzukriegen ist.

Wenn nun der Weg der Nächstenliebe aber nicht selbstsüchtig mißbraucht wird, wenn wir freigebig sind, ohne, daß unsere Linke wirklich weiß, was die Rechte tut – sollte dann der Erfolg ausbleiben? Oder fragen wir so: Müssen wir dann Angst haben, zu kurz zu kommen? Den Dummen zugerechnet zu werden? Es ist ja eine weitverbreitete Meinung, daß, wer christlich leben will, zu den Dummen gehören muß. Die Klugheit dieser Welt scheint zu gebieten: Jeder ist sich selbst der Nächste. Die Bergpredigt behauptet radikal das Gegenteil: „Gebt, dann wird auch euch gegeben werden. In reichem, vollem, gehäuftem, überfließendem Maß wird man euch beschenken."

Die Bergpredigt ist überzeugt: Es gibt Dinge, die sehen so aus als brächten sie gar nichts ein, als hätten sie gar keinen Nutzen – reines Verlustgeschäft. Und – das stimmt: Nutzen, auf den man spekulieren kann, haben sie nicht. Aber auf ihnen ruht unerklärlicherweise ein überraschender Segen. Der kann zwar nicht manipuliert und kalkuliert werden. Er tritt aber dennoch ein. Er wird einem buchstäblich in den Schoß gelegt.

Ich kenne Menschen in meiner Nachbarschaft, die von Grund auf gütig sind ohne Hintergedanken, die Nächstenliebe wirklich leben. Und wenn ich genau hinsehe, muß ich staunen, was ihnen an Gegenliebe, an Erfolg und Achtung bei ihren Mitmenschen alles in den Schoß fällt. Denn so heißt es in der Bergpredigt weiter: „Mit dem Maß, mit dem ihr meßt und zuteilt, wird auch euch zugeteilt werden." (Lk 6, 38)

„Stimmt nicht", wagen Sie zu zweifeln? Probieren wir es, meine ich, ohne Berechnung. Warten wir gelassen auf den Segen, der uns in den Schoß fallen wird. Er kommt so sicher, wie in unseren Breitengraden der Regen.

Mehr als sympathisch

Urlaub, das heißt keine Arbeit, keine Termine, nicht die alltäglichen Sorgen (– höchstens über das Wetter): alles erscheint in einem freundlichen Licht. Haben Sie auch schon bemerkt, wie Ferientage den Menschen verwandeln? Man ist gelassener, kann jedermann grüßen, obwohl der Mitmensch, der zufällig den gleichen Wanderweg kreuzt, einem vollkommen fremd ist. Urlauber unter sich sind zumeist wie eine nette, freundliche Familie: zuvorkommend, offen, gesprächig. Ich denke mir, das liegt an der guten Laune, die Ferientage mit sich bringen. Und diese gute Laune überträgt sich sofort auf unsere Umgebung: wir sehen alles mit sympathischen Augen an und *sind* deshalb auch sympathischer. Ob das schon eine Tugend ist?

Wohl nicht ohne weiteres. Denn schließlich steht in der Bibel nicht: Habt gute Laune und seid euch sympathisch; sondern es steht da: Liebe deinen Nächsten wie dich selbst. Gute Laune und Sympathie machen es leichter, aber sie sind nicht schon Nächstenliebe. Diese verlangt unseren Einsatz, unser Wohlwollen für den Mitmenschen. Wohlwollen aber hat offensichtlich etwas mit meinem Willen zu tun und meint keineswegs die Gefühlslage, in der ich mich gerade befinde. Dem anderen Gutes wollen, obwohl ich nicht ausgeschlafen bin oder bis an den Hals in Arbeit stecke, – für ihn da sein, obwohl er mir unsympathisch ist und ganz und gar nicht meine Kragenweite hat, das alles hat natürlich mehr mit Nächstenliebe zu tun als die freundlichste Urlaubsstimmung in der wir so nett miteinander umgehen können.

Ich halte es für einen Irrtum, wenn wir meinen, die schönen und guten Dinge dieser Welt könnten wir ohne eigene Anstrengung erreichen: es müsse nur die Sonne scheinen, die richtige Umgebung oder der richtige Tropfen vorhanden sein. Das ist Schlagerglück und hält nicht lange an.

Ich erinnere mich einer großartigen Urlaubsstimmung. Es war die bisher schönste Reise meines Lebens: ins Heilige Land, an den See Gennesaret. Eine wunderbare, sonnige

Landschaft, unter Palmen fischen und baden. Und dazu noch etwas ganz anderes: unversehens bekommt in dieser Landschaft alles seinen Bezug zur Bibel: das Fischerboot erscheint als das Boot Petri; und der Junge, der dort angelt: könnte so nicht Jesus selbst ausgesehen haben, als er ein Junge war? Hier hat er gelebt und nur wenig hat sich die Landschaft verändert. Jedermann bekommt in dieser Landschaft plötzlich die Züge der Bibel, das Gesicht Jesu Christi. Da ist mir neu aufgegangen, daß unsere Augen immer und überall den Mitmenschen so anschauen müßten, als trage er das Antlitz Christi – nicht nur am See Gennesaret und nicht nur in den Ferien.

Gott hilft – glauben wir das?

Jesus ist mit seinen Geschichten, die er erzählt, oft ungemein drastisch. Da heißt es im Lukas-Evangelium: „Er lehrte sie in einem Gleichnis, daß sie allezeit beten und darin nicht ablassen sollten." Er sprach:

> „In einer Stadt lebte ein Richter, der Gott nicht fürchtete und auf keinen Menschen Rücksicht nahm. In der gleichen Stadt lebte auch eine Witwe, die immer wieder zu ihm kam und sagte: Verschaff mir Recht gegen meinen Feind! Lange wollte er nichts davon wissen. Dann aber sagte er sich: Ich fürchte zwar Gott nicht und nehme auch auf keinen Menschen Rücksicht; trotzdem will ich dieser Witwe zu ihrem Recht verhelfen, denn sie läßt mich nicht in Ruhe. Sonst kommt sie am Ende noch und schlägt mich ins Gesicht. Und der Herr fügte hinzu: Bedenkt, was der ungerechte Richter sagt. Sollte Gott seinen Auserwählten, die Tag und Nacht zu ihm schreien, nicht zu ihrem Recht verhelfen, sondern zögern? Ich sage euch: Er wird ihnen unver-

> züglich ihr Recht verschaffen. Wird jedoch der Menschensohn, wenn er kommt, auf der Erde (noch) Glauben vorfinden?" (Lk 18, 1–8)

Der letzte Stoßseufzer Jesu ist wohl berechtigt. Denn: glauben wir das? Gott hört uns geduldig an und verschafft uns Recht, nicht erst nach langer Zeit, sondern eilig? Das ist fast zu schön, um es glauben zu können? – Das ist es eben, will der Stoßseufzer Jesu besagen, Ihr glaubt es nicht, und darum kommt's auch nicht. Es liegt an der Brüchigkeit Eurer Gebete, lernt da nur von dieser Witwe in meiner Geschichte. – Zunächst: ihre Bitte ist berechtigt und dringend, die Frau ist mittellos, alleinstehend und in äußerster Bedrängnis. Ein Gläubiger sitzt ihr auf den Fersen. Und wie sie aktiv ist und aufs Ganze geht! Sie setzt sich mit voller Kraft für ihr Anliegen ein. – Dagegen sehe man sich viele andere an, die beten. Sie verwechseln das Gebet mit einem Schlummerkissen für Faulpelze. „Laß den lieben Gott man machen", sagen sie. Ihre Bitten bewegen sich oft um pure Bequemlichkeiten. Es ist wahr, unsere Gebete gehen oft töricht weit über das hinaus, was wir bedürfen. Wir wollen Sicherheit für alle Zeiten. Wir wollen nicht nur unser „tägliches Brot" wie es in der Vaterunserbitte heißt. Wir wollen gleich auch das Brot von übermorgen und weiter – und damit sind wir wieder bei unserem faulen Ruhekissen, das wir erbitten. Das aber ist für uns gar nicht dringend und nötig. Im Gegenteil, wir sollen wache, beharrliche, tätige, dann aber auch grenzenlos vertrauende Beter sein. Solchen Betern hilft Gott. Und zwar eilig, sehr eilig, wie es das Gleichnis sagt. *Tue also alles, was Du kannst* und *vertraue fest, daß dann Gott tut, was Du nicht kannst.*

Scheinheilig

> „Ein Mann hatte zwei Söhne. Er ging zum ersten und sagte: Mein Sohn, geh und arbeite heute im Weinberg! Er antwortete: Ja, Herr!, ging aber nicht. Da wandte er sich an den zweiten Sohn und sagte zu ihm dasselbe. Dieser antwortete: Ich will nicht. Später aber reute es ihn, und er ging doch. Wer von den beiden hat den Willen seines Vaters erfüllt?" – Der letzte, sagen Sie. Jesus, der dieses Gleichnis erzählt hat, meint: „Amen, das sage ich euch: Zöllner und Dirnen gelangen eher in das Reich Gottes als ihr." (Mt 21, 28–32 a)

Eine etwas überraschende Schlußfolgerung, nicht wahr? Und eine ziemlich unangenehme Geschichte. Unangenehm, für wen eigentlich? Ich vermute, daß uns diese Erzählung Jesu darum von den Kanzeln und im Religionsunterricht vorenthalten wurde, weil sie die Leute betroffen machen muß, die sozusagen pflichtschuldigst das Wort Gottes hören. Vielleicht sind auch Sie davon betroffen. Ich jedenfalls bin es, weil ich mir sagen muß: wie oft schon hast Du das Wort Gottes gehört, etwa in Morgenandachten oder in Gottesdiensten, wie oft also die Aufforderung des Herrn vernommen: „Gehe hin und arbeite für mich", und dann – dann habe ich ‚ja' gesagt, und bin doch nicht gegangen. Bin der Alte geblieben und habe nichts getan. – Dagegen z. B. mein Nachbar, der sich vor jeder frommen Veranstaltung drückt, über Kirche und Religion kopfschüttelnd hinweggeht, was mag er wirklich tun? – Was mag er geben an Lächeln, Lob und Hilfe für seine Mitmenschen in Beruf und Familie? Ist er so einer, der zu Gott sagt, ich mag nicht, aber dann doch hingeht und genau das tut, was Gott will? Jedenfalls gibt es solche Menschen, und Gott rechnet mit ihnen. Aber rechnet er auch mit mir, dem Ja-Sager und doch Nichts-Tuer oder Nur-halb-Tuer? – Wir sehen daran, wie vorsichtig wir sein müssen in unserem Urteil, ob einer, der in der religiösen Welt bewandert scheint, darum schon Gottes Gunst hat und der andere, der Nein-Sagende, nicht. Es kommt ja nicht auf

das „Herr! Herr!“–Sagen an, sondern darauf, daß einer den Willen des Vaters im Himmel tut.
Wahrscheinlich kennen Sie das Gleichnis Jesu, das er zu einigen sprach, die voller Selbstvertrauen waren und sich für gerecht ansahen, während sie die übrigen verachteten:

> „Zwei Männer gingen zum Tempel hinauf, um zu beten; der eine war ein Pharisäer, der andere ein Zöllner. Der Pharisäer stellte sich hin und sprach leise dieses Gebet: Gott, ich danke dir, daß ich nicht wie die anderen Menschen bin, die Räuber, Betrüger, Ehebrecher oder auch wie dieser Zöllner dort. Ich faste zweimal in der Woche und gebe dem Tempel den zehnten Teil meines ganzen Einkommens. Der Zöllner aber blieb ganz hinten stehen und wagte nicht einmal, seine Augen zum Himmel zu erheben, sondern schlug sich an die Brust und betete: Gott, sei mir Sünder gnädig! Ich sage euch: Dieser kehrte als Gerechter nach Hause zurück, der andere nicht.“ (Lk 18, 10–14)

Auf die äußere weiße Weste also, auf scheinheiliges Gerede und Getue gibt Gott nichts. Da ist besser noch die äußere Schale faul, der innere Kern aber gut, als nach außen nur fromme Fassade und innen tote Gruft. Das beste allerdings ist: innen und außen stimmen zusammen. Unser Reden *und* unser Tun bezeugen die Wirksamkeit Gottes in unserem Leben. Erst dann sind wir wirklich Christen.
Denn es kann auch eine ganz raffinierte Abart von Pharisäern geben. Menschen nämlich, die nicht zur Kirche gehen und sich deshalb für ehrlicher halten als alle Frommen, die sie der Scheinheiligkeit verdächtigen. Diese andere Art von Pharisäern gefällt sich in der Pose des armen Zöllners und spricht in listiger Verdrehung des Gleichnisses Jesu: O Gott, ich danke dir, daß ich nicht so bin wie die Pharisäer, die in die Kirche laufen, dir Gebete, Steuern und Almosen zahlen, aber ob die ehrlich sind? Dagegen ich, ich bin wie ein Zöllner und gebe das auch ehrlich zu. Ich mache dir nichts vor.
Ein solch pharisäerhafter Zöllner ist schwer im Irrtum, wenn er meint, daß er gerechtfertigt nach Hause gehen kön-

ne. Gott haßt *jede* Pose, jede unehrliche Fassade. Gott will unser ehrliches Herz, das entschlossen ist, sich zu ihm zu bekehren, ihm das Ja-wort zu geben und seinen Willen zu tun.

Wer kann unser Herz belehren?

Ich möchte Ihnen ein Gebet vorstellen, das offizielle Gebet der Christen im Pfingstgottesdienst:

So lautet es:

> „Gott, du hast die Herzen deiner Gläubigen durch
> die Erleuchtung des Heiligen Geistes belehrt.
> Gib, daß wir in diesem Geiste kosten, was recht ist
> und allezeit seinen Trost und seine Hilfe erfahren."

Wer kann schon unser Herz belehren? In den Kopf und Verstand mag ja vieles hineingehen durch vielerlei Lehrer. Aber wer erreicht unser Herz? Die Mutter, der Vater, ein Freund, der geliebte Partner – vielleicht und hoffentlich. Dieses aber ist genau die Art in der Gott uns ansprechen will.

So viele Menschen haben ein verdunkeltes Herz, isoliert, eingefroren in sich selbst, ohne jedes Licht der Hoffnung. Darum sagt dieses Pfingstgebet, daß unsere Herzen durch die Erleuchtung des Heiligen Geistes angesprochen, belehrt, Licht werden möchten.

Warum?

Damit wir verkosten, was recht ist. Auch das Richtige in unserem Leben ist nicht nur eine Sache des Verstandes. Was recht ist, muß unsere ganze Existenz erfahren, *schmecken* können: der Kopf, das Herz, der Leib. Nur so kommen wir Menschen ins rechte Lot.

Unser Gebet traut dies alles dem Geist des Pfingstfestes zu.

Es geht in seiner Not sogar kühn weiter: *Allezeit* möchten wir seinen Trost und seine Hilfe erfahren!
Es gibt so viele trostlose Herzen, verfinsterte, unzufriedene Menschen. Es gibt so viele kluge Köpfe und doch hilflose Existenzen.
Was brauchen wir, um solches abzuschaffen? Brauchen wir mehr Geld, mehr Bildung, mehr Wohlstand?
Vielleicht – unser Beter meint: was wir vor allem brauchen, das ist der Heilige Geist Gottes.
Er möge Ihnen und mir geschenkt sein.

Ohne jede Verkleidung?

„Wie du kommst gegangen – so wirst du empfangen!"
Sie kennen dieses Sprichwort. Und es ist ja so wahr. Neulich war ich mit einer Gruppe von Studentinnen in Rom. Sobald ich meine offizielle katholische Priesterkleidung anhatte, öffneten sich mir die Tore, zumal wenn die Visitenkarte als Monsignore dabei war. Als normaler Zivilist wäre vieles nicht gegangen.
Regen Sie sich über die römische Kirche nicht auf. Bei einem vornehmen Hotel werden Sie auch besser behandelt, wenn Sie mit einem Mercedes vorfahren. Bei einem Rock-Festival dagegen werden Sie mitleidig belächelt in bürgerlicher Kleidung. Und gehen Sie erst einmal in eine Oper. Haben Sie ein Abendkleid?
Unsere Kleidung – das sind unsere Vorurteile. Und dennoch: können wir ohne diese Kleidung leben? Nackt hat Gott uns geschaffen, gewiß. Aber nackt können wir nicht bleiben. Die Kleidung ist unser Schicksal. Und damit beginnt das Problem: Kleiden muß ich mich. Aber wie? Und so bin ich mitten drin im Stück meiner Darstellung von mir selbst. Wer sich kleidet muß sich fragen: Wer bin ich? Wer will ich sein vor den anderen? Wer muß ich sein vor den an-

deren? Ein Soldat wird die Frage beantworten müssen und ein Kellner, eine Nonne und ein hochbezahlter Manager. Es bleibt gar nicht bei der Kleidung – es geht schließlich auch um die Frisur, um den Bart, zumal als Zivildienstleistender oder als Kapuziner-Mönch.
Es geht schließlich um mich selbst – wer will ich sein vor den anderen – oder ohne die anderen?
Kann ich sein ohne die anderen, nur für mich selbst? Könnte ich es überhaupt aushalten ohne ein Bild von mir selbst? Könnte ich mich aushalten ohne jede Verkleidung?
Die Stunde wird kommen, wo wir das aushalten müssen. Die Stunde unseres Todes.
Gott sei uns gnädig, wenn wir uns darauf zu wenig eingeübt haben.

Das Zeichen des Eheringes

Wenn sich jemand um eine Stellung bewirbt, wird häufig ein Photo verlangt, ein aktuelles natürlich. Kann sich denn der Personalchef vom Photo her schon ein erstes Bild machen? Die Frisur, die Augen, der Mundwinkel, gepflegt- oder ungepflegt das Ganze. Offensichtlich sind die Menschen auf Bilder von anderen angewiesen. Bilder sind Signale, die erste Auskunft geben sollen. Aber diese Auskunft kann trügen.
Wenn ich einem erwachsenen Menschen begegne, schaue ich oft beim zweiten oder dritten Hinblick auf die Hände: verarbeitet, gepflegt, Ringe – welche?
Hände können Auskunft geben mehr noch als ein Paßphoto. Eine der wichtigsten und mich beeindruckendsten Auskünfte ist der Ehering: Signal der Bindung an einen anderen Menschen, Signal hoffentlich auch der Liebe. Es gibt Zeitgenossen, die halten es für modern auf solches Zeichen zu verzichten. Sie lassen einen Gesprächspartner bewußt im Ungewissen. Verheiratet, unverheiratet, verlobt, verliebt,

gebunden, frei? Nichts weiß man. Es gibt kein Signal. Wenn ich Glück habe, ergibt sich das aus dem Gespräch. Aber das ist ungewiß. Gewiß ist, das äußere Zeichen – ein Ehering etwa, aber auch eine Berufskleidung, die des Arztes oder die eines Priesters – verpflichtet. Und Verpflichtung bindet. Und wir möchten frei sein, dann und wann zumindest. Darum legen wir unsere Berufskleidung in den Schrank nach Dienstschluß – aber wann ist Dienstschluß? Darum wird der Ehering abgelegt im Urlaub, auf Geschäftsreise – aber wann ist Urlaub und Geschäft, die solches Zeichen des Ringes entbehrlich machen?
Fort mit allen Zeichen, Ringen, Uniformen, Signalen und Symbolen, lautet daher eine radikale Forderung. Wirklich fort mit allem? Ich fürchte, die Menschen werden nicht freier dadurch. Sie werden unsicherer und ärmer.
Glaube braucht Zeichen – etwa das Kreuz. Hoffnung braucht Zeichen – etwa die Blumen auf dem Tisch. Liebe braucht Zeichen – etwa den Ring. Es gibt viele andere Zeichen. Wir können nicht auf sie verzichten. Gott selbst hat ein Zeichen gegeben unübersehbar: seinen Sohn, den Menschen Jesus von Nazaret.

Sprachlos ohne Maske

„Das Kind fand zu mir überhaupt keinen Kontakt", sagte die Frau. „Es war scheu, verschlossen, fast ängstlich, unser Nachbarskind. Nach einigen Tagen kam ich auf die Idee, der Kleinen eine Puppe in die Hand zu geben, so wie man sie beim Kasperletheater kennt. Und ich selber habe auch eine solche Figur in die Hand genommen. Und wir haben uns beide zum ersten Mal gut unterhalten können: sie, die Kleine mit ihrer Puppe in der Hand, die „Gretel" und ich mit meiner Puppe in der Hand, „Hänsel" – also „Hänsel und Gretel."

Der Austausch zwischen den beiden gelang erst über einen Umweg, den Umweg einer Verkleidung des eigenen Ich. Gerade Kinder schlüpfen gern hinein in eine andere Person oder Verkleidung und sind dann vielleicht mehr sie selber als sonst. Ob es Erwachsenen auch manchmal so geht? Bei Karneval etwa oder Maskeraden? Und ist das dann richtig?
Manchmal kommen wir uns tatsächlich näher, wenn wir unsere Alltags-Maske ablegen und eine andere dafür anlegen. Aber brauchen wir überhaupt Masken, Verkleidungen, Signale und Zeichen, um uns verständlich zu machen? Das Kind und die Nachbarsfrau brauchten es und unsere Erwachsenenwelt ist voll davon: ungeeignete und gelungene Gesten, Zeichen, selbst Puppen oder Masken. Vielleicht erschrecken Sie jetzt, wenn ich sage: Gott selbst brauchte diese Verwandlung, um für uns verständlich zu werden. Gott, den wir für groß, allmächtig, fern über uns thronend halten – der bleibt letzten Endes unverständlich. Er wurde ein Mensch in Jesus von Nazaret, um uns begegnen zu können, sich uns mitteilen zu können, um uns Sprachlose vor ihm zum Sprechen zu bringen. So wie das Kind vor der Nachbarsfrau plötzlich sprechen konnte. Weil sie nicht mehr die große Frau von nebenan war, sondern gleich wie das Kind – über den Umweg der Puppe.
Die beiden, das Kind und die Frau, haben miteinander gespielt – und aus dem Spiel konnte doch wirkliche Begegnung werden. Wenn Gott Mensch geworden ist – so wie wir es in der Bibel erfahren – dann wollte er nicht mit uns spielen. Gott hat in Jesus von Nazaret nicht die Maskerade oder gar die Puppe „Mensch“ für uns gespielt. Er ist wirklich einer von uns geworden, Mensch geworden.
Nur: haben wir es schon bemerkt? Haben wir bemerkt, daß wir mit ihm sprechen, Erfahrungen austauschen können?
Haben wir bemerkt, daß er bei uns ist durch einen unglaublichen Brückenschlag: er ist für uns einer von uns geworden.
Das Spiel ist aufgehoben, es hat eine neue Dimension von Wirklichkeit gewonnen.

Der Sonntag – ein Zeichen wofür?

Abschaffung des Sonntags. Vorschläge dafür gibt es ja. Der Monat hat normalerweise 30 Tage, alle 10 Tage ein freier Tag – das ganze wäre übersichtlich, geregelt, die Arbeitsproduktion liefe reibungsloser. Der Jahreskalender der freien Tage stünde ein für allemal fest. Das ist doch vernünftig, oder? Sonntage fallen jedes Jahr nach unserem Kalender anders. Bürokratisch normal geregelt ist da eigentlich gar nichts. Und erst recht nicht, wenn es noch Festtage dazwischen gibt: Himmelfahrt Christi zum Beispiel oder Weihnachten. Kirchen, Gewerkschaften, fast alle in unserem Land sind sich einig: den Sonntag lassen wir uns nicht nehmen, mag er so unpassend fallen wie nur immer. Dabei wissen viele nicht, daß auch der Sonntag ein Signal ist. Kommen Sie einmal nach Israel: da gibt es Juden, Araber – die Muslimen sind – und wenige Christen. Die Muslims feiern den Freitag als ihren wöchentlichen religiösen Festtag, die Juden den Samstag, den Sabbat, und die Christen den Sonntag. Ziemlich schwierig für die dortige Gesellschaft. Wieso feiern wir bei uns den Sonntag, der für andere Völker und Religionen ein normaler Werktag ist?
Der Grund ist leicht zu erklären: es war ein Sonntag, an dem Jesus Christus von den Toden auferstand.
Der Sonntag ist also ein Zeichen, ein Signal der Hoffnung, das Sterben und den Tod zu überwinden. Darum – weil dieser Jesus von den Toten auferstand – feiert unsere Gesellschaft den Sonntag. Man legt die Sonntagskleidung an, gönnt sich etwas, schläft lange, macht einen Sonntagsausflug – die meisten sind am Sonntag bewußt anders gestimmt, anders gekleidet – eben: kein Werktag. Und warum das alles?
Weil Jesus von Nazaret, der Sohn Gottes, am Sonntag von den Toten auferstand. Darum feiern die Christen am Sonntag ihren Gottesdienst. Der Sonntag ein Signal des Sieges über den Tod – hätten Sie das gewußt?

Wer schreibt den neuen Kalender?

In den Tagen um den Jahreswechsel blättere ich in einem alten Buch und finde darin dieses Gebet:
„Wie tröstlich ist es doch, guter Gott, daß du meinen Kalender für das kommende Jahr schon längst und auf das genaueste gemacht hast! So überlasse ich mich ganz deiner gütigen Vorsehung und kenne nur eine Sorge, deinen Willen zu erkennen und zu erfüllen."
Als ich das Gebet lese, frage ich mich: kannst du wirklich so beten – und wer kann das noch?
Ich sehe mir meinen eigenen, noch frischen Terminkalender für das neue Jahr an. Der erste Monat ist schon ziemlich besetzt. Termine, die ich selbst bestimmt habe, die mir aufgebrummt worden sind – aber auch Termine, die jedes Jahr feststehen, die ich über das ganze Jahr hin jetzt schon eintragen kann: Geburtstage, Namenstage, Todestage. Ist es ein gütiger Gott, der alle diese Termine gemacht hat?
Ich stelle mir einen Menschen vor, der gar keine Termine hat, einen alten Menschen vielleicht, dem jetzt schon Tag für Tag des neuen Jahres gleich grau und leer erscheint. Weil er das Gefühl bekommen hat, das Leben gehe an ihm vorbei . . . „Wie tröstlich ist es doch, guter Gott, daß du meinen Kalender für das kommende Jahr schon längst und auf das genaueste gemacht hast . . ." Hat Gott den Kalender dieses alten Menschen vergessen?
Es gibt eine Art, Gott alles und jedes in die Schuhe zu schieben, die mich abstößt. An eine solche Vorsehung mag ich nicht glauben. Aber – wenn ich genau hinschaue – von solcher Art ist das alte Gebet nicht. Der Mann, der da betet, kennt sehr wohl eine Sorge. Er sagt: „So überlasse ich mich ganz deiner Vorsehung und kenne nur eine Sorge, deinen Willen zu erkennen und zu erfüllen." Dieser Mensch sieht seinen Kalender sozusagen zweimal geschrieben: im voraus von Gott, der ihm gut gesonnen ist – und dann gleichzeitig Tag für Tag von ihm selbst. Es kommt nur darauf an, sagt er sich, daß wir beide – Gott und ich – uns nicht widersprechen.

Mir scheint: das Leben dieses Beters ist von einer großartigen Kraft getragen – von der Hoffnung, daß nicht alles auf ihn allein ankommt, was in seiner Zukunft geschieht. Sein Gott sieht ihn und steht ihm bei. Doch ebenso – von der Gewißheit, daß seine Anstrengung für dieses Leben notwendig ist – aber im Einklang mit seinem Gott, nicht im Widerspruch.
Und was ist mit den alten, mit den leidenden Menschen, deren Kalender fast ohne Termine steht? Oder deren einziger Termin andauernd das Leiden zu sein scheint? Es wird schwer für sie sein, auch im neuen Jahr ihre Tage zuversichtlich zu leben. Aber wenn sie leiden – wird Gott ihnen widersprechen? Gott, der selbst gelitten und durch sein Leiden gesiegt hat? „Wie tröstlich ist es doch, guter Gott, daß du meinen Kalender für das kommende Jahr schon längst und auf das genaueste gemacht hast! So überlasse ich mich ganz deiner gütigen Vorsehung und kenne nur eine Sorge, deinen Willen zu erkennen und zu erfüllen."
Kann man am Beginn eines Jahres so beten?

Wir leben von der Liebe

Alexander Solschenizyn hat in seinem Buch „Krebsstation" einen der unheilbar Kranken die Frage stellen lassen, „wovon die Menschen leben". Seine Mitpatienten geben die unterschiedlichsten Antworten: „Von der Versorgung. Mit Nahrungsmitteln und Sachen." „Vor allem von der Luft. Dann vom Wasser. Dann vom Essen." Und der Professor antwortet: „Von der Ideologie und den gesellschaftlichen Interessen." „Jefrem, der Fragesteller schlug das Buch auf und starrte von neuem hinein. Er wollte von sich aus herausfinden, was die richtige Antwort war. Wovon? Wovon die Menschen leben? Man konnte es kaum laut sagen, es war ja fast unanständig: von der Liebe . . . von der Liebe? Nein, das ist nicht unsere Moral!"

Soweit das Gespräch auf der Krebsstation.
Doch, das ist unsere Moral. Das ist das Bekenntnis unseres Glaubens, wenn wir Christen sind. Allerdings spricht soviel Erfahrung gegen uns. Wir alle haben erlebt, wie wir unfähig sind zu lieben. Wie es uns schwer fällt, das richtige Wort zu sagen, das wir wohl denken – aber wir bringen es nicht über die Lippen. Wie wir da fast Stumme sind, Blinde, Taube. Jeder weiß in seinem Bereich und erst recht in der großen Politik zu erzählen, wie die Ereignisse, die Umwelt stärker sind als jeder Wunsch zum anderen zu kommen, das erste gute Wort zu finden, sich zu versöhnen. Im Grunde, so scheint die Erfahrung uns zu sagen, ist es doch mit der Liebe des Menschen zum Verzweifeln.
In der Bibel steht der Satz: „So sehr hat Gott die Welt geliebt, daß er seinen einzigen Sohn dahingab.“ Wir können uns dies so übersetzen: Er, Gott, hat unsere unfähige, hoffnungslose Liebe heil gemacht, weil er selbst unser menschliches Dasein in radikaler Liebe gelebt hat. Er war dabei in keiner besseren Position als wir. Ein Mensch ohne Macht und Ansehen, unbedeutender Leute Kind, er hatte keinen großen Namen, keine gewaltigen Bankkonten, keine reichen Güter. In einem Krähwinkel der Geschichte geboren, unverstanden, gehaßt, als Krimineller verfolgt, verraten, zusammengeschlagen, am Kreuz ermordet. Dennoch: in all diesen Situationen war er mit seiner Liebe nie am Ende. Den Verachteten gegenüber nicht und nicht den Sündern. Ja selbst seinen Peinigern gegenüber war er mit seiner Liebe nicht am Ende. Er spricht für sie „Vater, verzeih ihnen, sie wissen nicht was sie tun“. Für den Verräter, der mit dem Kuß kommt, hat er das Wort „Freund, mit einem Kuß verrätst du den Menschensohn“. Im Augenblick des Todes hört seine Liebe nicht auf: „Vater, in deine Hände empfehle ich meinen Geist.“
Uns würde längst die Ungeduld gepackt haben. Ich jedenfalls ertappe mich manchmal bei dem Gedanken: Wenn ich Gott wäre, dann würde ich drein schlagen. Was wäre denn, wenn wir Gott wären? Wir trauten es uns zu, Ordnung zu schaffen in dieser Welt. Wir hätten ja alle Gewalt und Macht – so stellen wir uns doch Gott vor. Es würde also Ordnung herrschen!

Aber würde Liebe herrschen? Würde nicht vielmehr Zwang sein? Was wäre, wenn wir Gott wären – darauf gibt es nur Hirngespinste als Antwort. Aber auf die Frage: was wäre, wenn Gott Mensch ist – darauf gibt es eine Antwort. Wenn Gott Mensch ist, dann lebt er ein Leben nicht der Gewalt und Ordnung, sondern ein Leben der Liebe, die bis zum Äußersten geht und nicht ans Ende kommt. Darin ist er nachahmbar, dafür ist er Mensch geworden, daß wir wie er leben: von der Liebe.

Freiheit – Schwester der Liebe

„Ich weiß genau, was ich will", mag mancher von sich selbst denken. Aber ist es wirklich so? Reagieren wir nicht viel mehr, als daß wir frei aus uns selbst handeln?
Wenn ich mich selbst beobachte, stelle ich viel zu häufig fest, wie sehr ich mich vom Verhalten meiner Mitmenschen bestimmen lasse. Ist jemand freundlich und bekomme ich ein Danke schön, dann helfe ich gerne. Ist jemand unsympathisch, heruntergekommen, vielleicht aus eigener Schuld, dann wenden wir uns eher von ihm ab – er soll selbst sehen, wie er fertig wird. Ein bekanntes Sprichwort sagt: Wie man in den Wald hineinruft – so tönt es heraus. Sind wir viel zu oft so ein „Wald"? „Was tut ihr Besonderes", sagt Jesus, „wenn ihr nur denen Gutes erweist, die euch Gutes erweisen?"
Tatsächlich sind wir nicht frei, wir sind viel mehr abhängig als wir denken von dem, was um uns herum geschieht. War der Tag gut und erfolgreich, dann sind auch wir gut und freundlich. Ein schlimmer Tag dagegen macht uns für unsere Mitmenschen unausstehlich, und wir selbst sind ratlos oder verzweifelt.
Ich habe von einer alten Franziskanerschwester gelesen, die gefragt wurde, wie sie das durchhielte, ihren Dienst an den

unterschiedlichsten Menschen zu tun, ohne zu resignieren. Sie sagt, sie habe ein langes Leben hindurch geübt und übe sich noch täglich darin, zu agieren von Jesus her und nicht bloß zu reagieren auf das Lob, das stolz machen kann, oder auf Gemeinheiten, die zur Verbitterung führen können.
Diese Frau hat eine innere Freiheit, von der ich und wahrscheinlich auch viele von uns noch weit entfernt sind.
Und daraus können wir lernen, daß Freiheit in erster Linie nicht etwas ist, was uns die äußeren Verhältnisse bringen. Freiheit ist etwas, was aus uns selbst heraus wachsen muß. Erst wenn wir von solcher Freiheit etwas verstehen, werden wir auch die folgenden Sätze aus der Bergpredigt Jesu nicht als eine ungeheure Zumutung verstehen, die uns einengen soll, wir werden sie vielleicht begreifen als eine Aufforderung zur Freiheit.
„Ihr habt gehört, daß gesagt worden ist: Du sollst deinen Nächsten lieben und deinen Feind hassen! Ich aber sage euch: Liebt eure Feinde und betet für die, die euch verfolgen, damit ihr Söhne eures Vaters im Himmel werdet; denn er läßt seine Sonne aufgehen über Bösen und Guten, und er läßt regnen über Gerechte und Ungerechte. Wenn ihr nämlich nur die liebt, die euch lieben, welchen Lohn könnt ihr dafür erwarten? Tun das nicht auch die Zöllner? Und wenn ihr nur eure Brüder grüßt, was tut ihr damit Besonderes? Tun das nicht auch die Heiden? Ihr sollt also vollkommen sein, wie es auch euer himmlischer Vater ist.“ (Mt 5, 43–48)
Diese Vollkommenheit ist Freiheit. Sie ist die Schwester der Liebe.

Dank für die Zukunft

Wünsche – Erwartungen an das eben begonnene Neue Jahr –, wer hätte sie nicht?
In der Sylvesternacht haben wir sie im Spaß – aber auch wohl im untergründigen Ernst – geäußert. Waren es wirklich nur Wünsche, Erwartungen? Oder waren es auch Ängste?
Wen von uns befiel angesichts des neuen Jahres schon Dankbarkeit ? Ich meine jetzt keineswegs Dankbarkeit für ein vielleicht zufriedenstellendes altes Jahr. Nein: Dankbarkeit angesichts des neuen Jahres?
Vielleicht meinen Sie, das sei auch Unsinn. Wir wissen doch gar nicht, was es bringen wird. – Ich habe mir überlegt: Gibt es eigentlich nur Dankbarkeit für das, was gewesen ist, oder gibt es auch eine Dankbarkeit dafür, daß wir eine Zukunft haben? – Denken wir an die Berichte aus den Zeitungen, aus dem Fernsehen, Mitteilungen aus dem privaten Leben, die uns bedrücken: alles, was wir hören, ist ja meistens Vergangenheit und stimmt uns – meistens – auch nicht gerade dankbar.
Aber: haben wir gegenüber der Zukunft ein dankbares Empfinden? Kann man so etwas haben?
Das ausgerechnet ist der springende Punkt der Botschaft der Bibel, daß sie uns Mut macht auf die Zukunft: es hat Sinn zu leben – das sagt die Bibel auf fast jeder Seite. Jesus erzählt zum Beispiel folgende kurze Geschichte: „Das Reich Gottes ist wie ein Schatz, der im Acker verborgen war. Jemand fand ihn, verbarg ihn, und voll Freude geht er hin und verkauft alles was er besitzt, und kauft jenen Acker."
Dieser Mann hat ein Motiv auf Zukunft hin zu leben, begeistert zu leben. Alles, was ihm bisher etwas wert war, verkauft er sogar.
Wir leben meistens ganz anders. Was wir haben, versuchen wir zu verteidigen. Das Gestern ist uns vertraut, das Morgen macht uns eher Angst.
Freude an der Zukunft, ja Dankbarkeit dafür, morgen leben zu können – wie wenige von uns bringen das fertig? Ob wir

nicht vor allem dieses eine nötig haben: etwas oder jemanden zu entdecken in unserem Leben, was oder der uns anspornt für die kommende Zeit offener und dankbarer zu sein als für das, was von gestern ist?
In meinem Gebetbuch fand ich die Worte einer großen, ihr Jahrhundert begeisternden Frau, Theresia von Avila:
„Nichts soll dich ängstigen, nichts dich erschrecken! Alles vergeht: Gott, er bleibt derselbe. Geduld erreicht alles. Wer Gott besitzt, dem kann nichts fehlen. Gott allein genügt. Solos Dios – basta!"

Leistung und Liebe

Warum sind wir Menschen häufig versucht, so zu tun, als ob? Als ob wir jemandem freundlich gesonnen sind, obwohl er uns gleichgültig ist; als ob wir uns über ein Geschenk freuen, obwohl es uns kalt läßt; als ob wir zuhören, obwohl wir mit unseren Gedanken weit weg sind. Dieses Tun als ob – macht es unser Leben nicht weithin unglaubwürdig?
Also sollen wir frei heraus jedem unverblümt zeigen, wie es mit uns ist? Bin ich schlecht gelaunt, dann soll ich nicht versuchen, trotzdem zu lächeln? Fällt mir jemand auf die Nerven, dann soll ich nicht versuchen, trotzdem freundlich und geduldig zu bleiben? Ist mir jemand unsympathisch, soll ich es ihn spüren lassen – oder meine Antipathie höflich verbergen? Wo fängt die Heuchelei an – wo hört die Liebe auf?
Hier scheiden sich die Gemüter schnell. Die einen sagen: Ich muß mich geben, wie ich bin, auch wenn das anderen wehtut. Die anderen dagegen: Ich muß mich zusammenreißen, auch wenn es mir fast unehrlich vorkommt, die anderen aber schont. Im Unrecht können beide sein. Hier ist das Problem angerührt, was einer unter Liebe versteht. Ist Liebe zu jemandem eine Gabe, die man hat oder nicht hat, die man also zeigen kann oder nicht? Oder ist Liebe auch eine Aufgabe, die man leisten muß, auch wenn es schwer fällt?

Junge Menschen können sich häufig kaum vorstellen, daß Liebe eine Aufgabe sein kann. Dabei ist das Wort Aufgabe sehr doppelsinnig, es kann heißen: etwas leisten, und es kann heißen: sich aufgeben oder hingeben. Liebe hat mit beidem zu tun. Liebe der Flitterwochen vergeht schnell – die Liebe eben, die jeden Tag als Geschenk, als Gabe empfunden wird und darum auch so leicht gezeigt und erwidert werden kann. Aber was bleibt, wenn diese erste Liebe vergangen ist? Es bleibt die Liebe des Alltags, und sie ist eine Aufgabe. In der Bibel ist diese Aufgabe sehr konkret beschrieben. Da heißt es im Brief des Apostels Paulus an seine Gemeinde in Korinth:

> „Die Liebe ist langmütig, die Liebe ist gütig. Sie ereifert sich nicht, sie prahlt nicht, sie bläht sich nicht auf. Sie handelt nicht ungehörig, sucht nicht ihren Vorteil, läßt sich nicht zum Zorn reizen, trägt das Böse nicht nach. Sie freut sich nicht über das Unrecht, sondern freut sich an der Wahrheit. Sie erträgt alles, glaubt alles, hofft alles, hält allem stand. Die Liebe hört niemals auf." (1 Kor 13)

Wer kann leugnen, daß hier Leistungen von uns verlangt sind, daß manches wie eine Zumutung klingt? Ich soll nicht bitter werden, wenn man mir Unrecht tut? Ich soll weiter lächeln? Ist das nicht Heuchelei?
Es ist unwahrhaftig, wenn ich lächle, weil ich den anderen täuschen will. Es ist aber Leistung der Liebe, wenn ich lächle, obwohl mir anders zumute ist. Denn ich höre nicht auf, den anderen zu lieben. Vielleicht rührt der Irrtum daher, daß viele Liebe mit Sympathie verwechseln. Wenn sie hören, wir sollen unseren Nächsten, gar unseren Feind lieben, dann verstehen sie oft nur, wir sollen es fertig bringen, daß uns alle Menschen sympathisch sind. Das aber geht nicht. Unser Gefühl protestiert dagegen. Zeigen wir uns nach außen anders, so meinen wir, es sei Heuchelei. Aber es geht gar nicht um Sympathie, es geht um Wohlwollen, dem anderen Gutes wollen, auch dem Unsympathischen. Da ist nicht Gefühl, da ist Wille im Spiel. Das ist nicht Heuchelei, sondern ehrliche, wahrhaftige Leistung der Liebe. Diese müssen wir aufbringen, Tag für Tag neu.

Beten – an welche Adresse?

Die Abschaffung des Gebetes wurde kürzlich in einem Freizeitlager von Jugendlichen gefordert. Die Jugendlichen, die täglich zur theologischen Information zusammenkamen, faßten ihre Überlegungen wie folgt zusammen:
„Die Christenheit lebt heute noch in dem Glauben, daß die Welt aufgeteilt sei in die zwei Etagen: Himmel und Erde. In der Etage des Himmels lebt der noch in den Gebeten personifizierte Gott. Der Unterricht an den Schulen und die Wissenschaften der Hochschulen lehren aber von einem anderen Weltbild, das aus Verstandes- und Vernunftsgründen erklärlich ist. Darum können wir nicht beten. Das Gebet muß durch das persönliche Gespräch mit dem Mitmenschen ersetzt werden."
Ich erkenne durchaus die Not der Jugendlichen, die dahinter steckt; dennoch kann ich ihre Schlußfolgerung nicht teilen. Was ist denn Beten? Vom Beten versteht der etwas, der ahnt, was anbeten heißt. Anbeten, wirklich und wahrhaftig anbeten kann der Mensch nur dort, wo ihm ein Größerer, ihn weit Überragender begegnet. In diesem Sinne kann kein Mensch einen anderen Menschen anbeten. Wo das verlangt wird, etwa den Führer anzubeten oder die Fahne anzubeten, da geschieht Unmenschliches oder Lächerliches. Darum kann das Gebet nicht durch das persönliche Gespräch mit einem Mitmenschen ersetzt werden. Solches persönliche Gespräch ist notwendig und gut – aber es ist kein Gebetsersatz. Beten lebt aus einer anderen Wurzel. Beten kann nur der, der aus der Überzeugung lebt, daß diese Welt geöffnet ist auf einen hin, der größer ist als sie, der unendlich ist, den man anbeten kann, von dem man darum auch Dinge erflehen kann, die Menschen unmöglich sind.
Dieser Gott lebt nicht in einer Etage über der Welt. Die Welt ist vielmehr auf ihn hin geöffnet, wie eine Parabel geöffnet ist auf das Unendliche hin. Das Weltbild, das unsere Schulen lehren, ist aus reinen Verstandes- und Vernunftsgründen zu erklären, wird gesagt. Aber erklärt denn ein solches Weltbild die uralten Fragen jeden Menschenlebens:

Worauf hinaus läuft mein Leben? Woher kommt das Leid, der Tod – welchen Sinn hat beides? Woher kommen wir, und wohin gehen wir?
Wer aus unserer scheinbar so vernünftigen und aufgeklärten Welt Gott auszuklammern sucht in eine obere, unverbindliche Etage, wer in dieser Welt also keinen Sinn mehr in Gebet und Anbetung Gottes sieht, der wird sich schnell wundern, wenn die Menschen Dinge und Fetische anbeten, die weit unter ihrer Würde liegen. Aus Glaube wird dann Aberglaube, aus Gottesdienst Götzendienst, und die pure Mitmenschlichkeit verirrt sich leicht in Verzweiflung.
Ob denn niemand in dem Jugendlager war, der das den Jungen und Mädchen erklären mochte? Am Ende hätten sie dann doch vielleicht beides getan: das persönliche Gespräch mit dem Mitmenschen gesucht und gebetet, auch gerade zusammen mit den Mitmenschen gebetet, die sich im Gespräch suchen und finden.

Gott anschreien

> „Wie lange noch, Herr, vergißt du mich ganz?
> Wie lange noch verbirgst du dein Gesicht vor mir?
> Wie lange noch muß ich Schmerzen erleiden in meiner Seele,
> in meinem Herzen Kummer Tag für Tag?
> Wie lange noch darf mein Feind über mich triumphieren?
> Blick doch her, erhöre mich, Herr, mein Gott!"
> (Psalm 13[12], 1–4)

Beten bedeutet keineswegs nur, Gott mit feierlichen wohlgesetzten Worten anreden. Beten kann Stöhnen, Schreien, ja Aufbegehren sein – wesentlich dabei ist nur, daß der Mensch wirklich Gott anspricht. Ich finde diesen Psalm darum ein so wichtiges Gebet, weil es uns einen Beter zeigt, der mit Gott fast ungeduldig spricht. „Wie lange noch, Herr, wie lange noch . . .?“ So dürfen wir mit Gott sprechen, mit der Ungeduld unseres Herzens. Wahrscheinlich sind wir in solchem Gebet mehr enthalten, als in vielen frommen Sprüchen. Der Beter unseres Psalmes hat allen Grund zur Ungeduld. Gott zeigt sich nicht in seinem Leben. Dabei besteht aller Anlaß, daß er sich zeigt. Seine Feinde sind da. Sie lachen über den Mann, verhöhnen ihn, weil er auf seinen Gott vertraut. Er ist in der unangenehmen Lage eines Menschen, den man jagt, den man aus seiner festen Überzeugung umstoßen will. Man macht dabei nicht nur ihn zum Ziel des Spottes, nein schlimmer noch, man macht auch den verächtlich, an den er glaubt. Das geschieht nicht erst seit gestern, jahrelang geht das nun schon so. Und das zermürbt, das bringt diesen Menschen langsam aus der Fassung. Aber er paktiert nicht mit seinen Feinden, versucht nicht, sich bei ihnen zu verteidigen, ihre Gunst, ihr Verständnis zu gewinnen; er hat sein Leben entschieden auf die Seite Gottes gesetzt. Darum kann er sich nur an ihn wenden, Er muß jetzt eingreifen.

> „Erleuchte meine Augen,
> damit ich nicht entschlafe und sterbe,
> damit mein Feind nicht sagen kann:
> ‚Ich habe ihn überwältigt‘,
> damit meine Gegner nicht jubeln,
> weil ich ihnen erlegen bin.
> Ich aber baue auf deine Huld.“
> (Psalm 13[12], 4–6)

Es ist, als ob seine Ungeduld sich ausgeschrien habe. Was bleibt, ist seine Hilfsbedürftigkeit, die er nun Gott, seinem einzigen Beschützer, offen zeigt: Ich habe in meinem Leben alles auf dich gesetzt, du bist meine einzige Karte, die stechen muß. Dabei weiß er, unter welchen Voraussetzungen er solchen Einsatz gewagt hat: nicht weil er glaubt, vor Gott Rechte zu haben. Nein, Gott hat sich einmal seiner erbarmt; er weiß, wie groß Gott ist, darum hat er einst sich zu ihm geschlagen und bleibt ihm auch heute treu, wo die Feinde

ihn zahllos bedrängen. Aber er erinnert Gott einfach an diese Grundtatsache seines Lebens: „Hab ich mich doch auf dein Erbarmen verlassen."
Und indem er so sein Herz von der Ungeduld der Not befreit hat, weiß er auch schon, daß sein Vertrauen nicht vergeblich ist. Denn erstaunlicherweise endet sein Gebet nicht mit dem Schrei verwirrter Bedrängnis, sondern schon mit der Vorahnung dessen, was Gott tun wird, und ihm dann zu tun übrig bleibt:

„Mein Herz soll über deine Hilfe frohlocken.
Singen will ich dem Herrn,
weil er mir Gutes getan hat."
(Psalm 13[12], 6)

Auf Gott vertrauen

„Wenn nicht der Herr das Haus baut,
müht sich jeder umsonst, der daran baut.
Wenn nicht der Herr die Stadt bewacht,
wacht der Wächter umsonst.
Es ist umsonst, daß ihr früh aufsteht
und euch spät erst niedersetzt, um das Brot der Mühsal zu essen;
denn der Herr gibt es den Seinen im Schlaf."
(Psalm 127[126], 1–2)

Vielleicht sind Sie erstaunt über ein solches Gebet. Ist es eine Aufforderung zum Nichtstun, gar zum Resignieren? Wie wenn einer sagt: Es hat doch alles keinen Zweck, es kommt eben alles so, wie Gott will.
Der Beter meint keineswegs Resignation. Er will uns auf ein aktuelles Problem stoßen: Dieses verbissene Arbeiten, Sichhochrackern und Sichern um jeden Preis, fast nichts mehr

kennen als Arbeit – soll man das tüchtig nennen und loben? Ich habe vielmehr den Verdacht, hier fehlt etwas. Man traut Gott nichts mehr zu. Da, wo das Vertrauen zu ihm stehen sollte, klafft eine Lücke, die Unsicherheit bringt. Man muß sie beseitigen. Und wie? Indem man alles selbst besorgt. Knapp gesagt heißt das: Man traut der eigenen Kraft mehr zu als der Kraft Gottes. Die Folge? Wir können nicht mehr schlafen, die Arbeit frißt uns auf, wir sind erfüllt von Unrast. Und was kommt dabei heraus? Sind wir zufriedener?
An dieser Stelle will der Beter uns ein „Halt“ zurufen: So geht es doch nicht, so wird doch alles schief! Für ihn ist der Mensch töricht und wirklichkeitsfremd, der Gott übersieht. Die Folge solcher Kurzsichtigkeit wird er bald zu spüren bekommen. Mit der Anwesenheit Gottes muß einfach immer gerechnet werden. In guten Tagen wie in bösen, bei der Arbeit und auch, wenn wir ruhen. Für den Menschen, der so betet, gibt die Tatsache, daß Gott immer da ist, dem Leben erst die einzige mögliche Geborgenheit. Darum wird er auch keiner Unrast, keiner Panik verfallen. Er wird immer noch fähig sein zu einem guten Schlaf, zu echter Muße, zu einem wirklichen Feiertag. Gott macht das möglich, denn er lebt, er ist da.

So mit Gott sprechen können!

Lesen wir das Gebet eines Menschen, dessen Leben sehr berührt ist von Dunkel, Mühsal und Bosheit. Nur eines hat er vielen voraus: All dies trägt er zusammen mit Gott. Er lebt mit Gott. Merkwürdiger, unrealistischer Begriff, mit Gott leben, so mögen wir denken. Dennoch, dieser Mensch beteuert nicht nur, daß es so etwas gibt, er berichtet uns einfach seine Erfahrung. So fängt er an:

> „Der Herr ist mein Hirte,
> nichts wird mir fehlen.
> Er läßt mich lagern auf grünen Auen
> und führt mich zum Ruheplatz am Wasser.
> Er stillt mein Verlangen;
> er leitet mich auf rechten Pfaden, treu seinem Namen.
> Muß ich auch wandern in finsterer Schlucht,
> ich fürchte kein Unheil;
> denn du bist bei mir,
> dein Stock und dein Stab geben mir Zuversicht."
> (Psalm 23[22], 1–4)

Nun müssen wir nicht meinen, es habe hier jemand am gemütlichen Kamin ein Schäferbild zeichnen wollen. Dieser Mensch, der so betet, kennt den Wüstensand, öde Steppen und wasserloses durstendes Land. Ein kühler sprudelnder Quell und frisches Grün an geschützter Stelle sind Kostbarkeiten, die für ihn gar nicht selbstverständlich sind. Hirten führen ihre Herden an solche Orte.
So verfährt mit mir Gott, sagt dieser Mensch. „Er stillt mein Verlangen." Wir sehen sofort, daß hier nicht so sehr von materiellen Gütern die Rede ist, sondern von dem, was Gott dem Herzen dieses Mannes angetan hat. – „Er leitet mich auf rechten Pfaden." Mancher von uns hat schon ratlos gestanden in seinem Leben und nicht gewußt, wie und wohin er weitergehen soll. Der Beter ist einer, der sein Leben mit Gott zusammen geht, er hat ein Gespür für die richtige Fährte und findet den Weg. Sein Vertrauen geht soweit, daß

er sagt: Gott tut dies alles „um seines Namens willen“. Gott ist schon darum an meinem Schicksal interessiert, weil er seine Herrlichkeit offenbaren will an mir! Der Schutz in aller Gefahr, den er mir gibt, zeigt seine Güte und Macht für den, der zu ihm hält. Allerdings beseitigt Gott die Gefahr selbst nicht, aber er gibt Schutz in ihr.
„Muß ich auch wandern in finsterer Schlucht, ich fürchte kein Unheil: denn du bist bei mir. Dein Stock und dein Stab geben mir Zuversicht.“ Freilich können Stock und Stab auch wehtun, wenn sie zuschlagen. Aber dem Beter wird selbst solcher Schmerz zur Zuversicht. Er weiß, Gott schlägt nicht blind, sein Stock greift ein, wie der Stock eines Hirten, der seine Herde auf die richtige Fährte treibt.
Was muß das für ein Mensch sein, der so beten kann! Vielleicht erfaßt uns auch der Wunsch so beten, so mit Gott sprechen und so mit Gott leben zu können.

Sind Beter Illusionisten?

Wir kennen alle Leute, die sich Illusionen machen. Sie richten ihr Leben nach angeblichen Tatsachen und Verhältnissen ein, die in der Wirklichkeit nicht existieren. Eines Tages werden sie furchtbar enttäuscht und erwachen in der harten Realität: Man möchte solche Träumer vorzeitig anstoßen, sie wach rütteln, ehe es zu spät ist. Aber so leicht geht das nicht. Sie lieben ihre Illusionen.
Haben wir einen solchen Illusionisten vor uns, wenn wir einen Beter anhören, der so beginnt:

„Der Herr ist mein Licht und mein Heil:
Vor wem sollte ich mich fürchten?
Der Herr ist die Kraft meines Lebens:
Vor wem sollte mir bangen?
Dringen Frevler auf mich ein,
um mich zu verschlingen,

meine Bedränger und Feinde,
sie müssen straucheln und fallen.
Mag ein Heer mich belagern:
Mein Herz wird nicht verzagen.
Mag Krieg gegen mich toben:
Ich bleibe dennoch voll Zuversicht."
(Psalm 27[26], 1–3)

Dieser Mann befindet sich in einer unerhört gefährlichen Situation. Sein Gebet läßt keinen Zweifel darüber: Überfall, Krieg, drohende Waffengewalt, all das findet sich darin. Unschwer können wir uns heute einen solchen Menschen in solcher Situation vorstellen. Können wir dann so beten wie dieser Mann?

Er verliert nicht den Mut, aber nicht aus einer sturen Durchhalte-Parole heraus, aus einem trotzigen aber blinden Dennoch. Er zählt im Gebet vor sich selber vielmehr alle Gründe auf, die ihn zu solchem Durchhalten berechtigen, die sein Herz zum klaren, nüchternen Mut überzeugen: Der Herr ist mein Licht und mein Heil, der Herr ist die Kraft meines Lebens – wen sollte ich da fürchten, vor wem sollte ich Angst haben?

Das ist kein stumpfes Resignieren. Hier spricht einer, der seine Situation klar überlegt hat und dann zu dem Entschluß kommt: Ich halte aus.

Nicht weil die Feinde, der drohende Krieg und das bereitstehende Heer Bagatellen sind, mit denen man nicht zu rechnen braucht, keineswegs. Aber der Beter rechnet auch mit einer anderen Realität, der er wesentlich mehr zutraut: er rechnet mit der Wirklichkeit Gottes. Für einen Christen ist dies keine Illusion. Unrealistisch sind die Atheisten, da sie von einer Welt träumen, die es nicht gibt, einer Welt ohne die Wirklichkeit Gottes. Deshalb ist der Beter des Psalmes trotz aller Gefahr sich ganz sicher: „Dringen Frevler auf mich ein, um mich zu verschlingen, meine Bedränger und Feinde, sie müssen straucheln und fallen."

Sie werden wanken und fallen, weil ihre Welt, die sie bauen wollen, eine Illusion ist. Der Realist glaubt an Gott und sagt: „Mag ein Heer mich belagern: Mein Herz wird nicht verzagen, ich bleibe dennoch voll Zuversicht."

„Papa – Mama"

Da habe ich neulich in einer Zeitung gelesen, die Anrede „Mama" und „Papa" passe nicht mehr in unsere Zeit. Eltern sollten sich lieber von ihren Kindern mit dem Vornamen anreden lassen. Denn in einem modernen Familienleben habe kein veraltetes „Vorgesetztenverhältnis" mehr Platz. Der das meint, ist Leiter einer Höheren Fachschule für Sozialarbeit in einer westdeutschen Großstadt, und er soll so in einer Elternzeitschrift geschrieben haben.
Nun habe ich ja keine Höhere Fachschule für Sozialarbeit besucht und bin auch kein Fachmann. Ob es daran liegt, daß ich bei den Namen „Mama" und „Papa" nicht zuerst an Vorgesetzte denke? Wenn meine Mutter früher „mein Junge" zu mir sagte, dann hat sie es offensichtlich nicht getan, weil sie über mich verfügen wollte. „Mein Junge", das war in Mutters Mund eher so etwas wie ein Kosewort, das bedeutete soviel wie Anteilnahme an meinem Leben. Ich vermute, „Mama" und „Papa" sind für die meisten Kinder nicht einfach Namen für Vorgesetzte, sondern Namen für zu Hause sein; sich geborgen wissen, einen haben, der da ist, auch wenn alle anderen sich entschuldigen lassen. Natürlich gibt es Rabenväter und Rabenmütter. Aber sollen diese Ausnahmen herhalten, um den Namen „Mama" und „Papa" gleich ganz abzuschaffen? Natürlich gibt es zwischen Eltern und Kindern Meinungsverschiedenheiten, sind die Eltern zuweilen ungemütliche Autoritäten für das Kind. Aber reichen solche Phasen aus, um „Mama" und „Papa" ganz zu streichen und dafür etwa „Peter" und „Ursula" zu sagen? Ich war jahrelang Seelsorger in einem Heim von Kindern, die ihren Vater oder ihre Mutter nicht kannten, die nicht Mama und Papa sagen konnten. Wie glühend beneideten sie ihre Schulkameraden, die eine Mama und einen Papa hatten, wie schnell waren zumal die Kleinen bereit, zu jemandem, der es gut mit ihnen meinte, Mama oder Papa zu sagen.
Ich will gewiß keinem Fachmann ins Handwerk pfuschen. Aber ich meine, die Anrede „Mama" und „Papa" sei auch heute noch modern. Und was mich wirklich noch interessie-

ren würde, da es sich doch um eine Aussage aus einer Höheren Fachschule für Sozialarbeit handelt: Wie sollen wir denn nun beten? Auch nicht mehr, wie es uns einer gelehrt hat: Vater unser? – Denn auch dieser Vater ist nicht nur Liebe, sondern auch Autorität!

Dankbarkeit – Grundakkord unseres Lebens

‚Ich lasse mir nichts schenken', dieses trotzig hingeworfene Wort hören wir nicht selten. Viele von uns leben zweifellos in einer Art Zwang, ständig etwas leisten zu wollen oder leisten zu müssen. Und zwar auch im durchaus Positiven, wenn sie sich fragen: Wo kann ich noch helfen? Was kann ich noch tun für andere? In unserer Kirchengemeinde haben wir eine Umfrage gehalten: wer welche Dienste für andere leisten möchte und wer welche Dienste in Anspruch nehmen möchte. Es haben sich dreimal soviel Leute gemeldet, die etwas tun möchten, und nur wenige, die sagten, sie möchten gerne Hilfe annehmen. Man gilt in unserer Zeit nicht gern als hilfsbedürftig. Wir lassen uns nicht gern etwas schenken. Unversehens bleibt bei solcher Einschätzung die Liebe auf der Strecke. Denn auch in der Liebe kann man es mit einer Art Leistungsdrang übertreiben. Liebe erlischt nämlich, wenn es keinen mehr gibt, der sie empfangen will. Eltern, die meinen, für ihre Söhne und Töchter alles und jedes tun zu müssen, werden erleben, wie ihnen das von ihren Kindern eines Tages mit Haß vergolten wird. Warum? Weil sie vergessen haben, einmal still zu halten, den Kindern die Chance zu geben, etwas zu tun, zu zeigen und zu schenken. Das mag ganz unvollkommen sein, was die Kinder zuwege bringen. Ja, die Eltern könnten denken, wenn ich das gleich selbstmache, wird es viel besser, als wenn ich es mir von meinen Kindern machen lasse. Wie falsch! Liebe lebt vom Austausch. Wenn jeder immer nur geben will, kann sie nicht zustande kommen. Ehekrisen entstehen häufig, weil der andere nicht sieht, wo er einmal die Hände aufhalten sollte, um zu empfangen, um Danke zu sagen. Er wird hinterher erbittert feststellen: habe ich nicht alles für ihn oder für sie getan? Eben nicht! Er hat etwas Entscheidendes vergessen; die Augen aufzuhalten, wo ihm der andere etwas schenken wollte. Psychologen wissen zu berichten, wie verheerend zum Teil eine sogenannte sexuelle Aufklärungswelle gewirkt hat oder noch wirkt, die den Menschen auch im Bereich der Sexualität zu einer Leistungsneurose treibt. Vor lauter Sorge, daß man *das* Lieben richtig macht, vergißt man *die* Liebe. Die Aufmerksamkeit ist fixiert auf das sexuelle Geschehen und nicht auf den geliebten Menschen. Die Enttäuschung wird groß bei jedem Versagen, und die Fähigkeit, sich gegenseitig anzunehmen, wie der andere ist, die Fähigkeit zu geben und zu schenken nimmt ab.

Fragen Sie sich selbst: Kann ich eigentlich ehrlich danken? Wenn unser Leben ein Gefühl des Dankes durchzieht, dann sind wir Menschen, die eine richtige Fähigkeit der Liebe besitzen, nämlich die: aufmerksam empfangen zu können. Einer der glaubt, daß sein ganzes Leben Geschenk von Gott ist, wird sich immer wieder neu erfahren als ein Mensch, der die Hände offen halten kann und darf – dem ist Danken ein Grundakkord seines Lebens.

„Die ewige Ruhe“

Wir laufen alle hinter der Zeit her: Draußen hasten die Fußgänger. Die Autos lärmen, die Straßenbahnen – die ganze Stadt rast. Niemand hat Zeit.

„Entschuldigen Sie, ich habe keine Zeit! Ich bin überlastet! Ich kann nicht warten!“ sagen die Menschen und lassen den anderen stehen. Viele sind eilig, um keine Zeit zu verlieren.

Aber können wir überhaupt verlieren, was wir anscheinend nie genug gefunden haben? Je eiliger wir sind, je aufgeregter, je überstürzter, desto weiter entfernt rückt uns das Ziel: daß wir Zeit haben, endlich einmal Zeit haben. Wie sehr wünschen wir das!

Zeit haben, das würde bedeuten: die Dinge tun, für die wir eigentlich da sein wollen. Denn wir haben doch das Gefühl, daß es meist die nebensächlichen Dinge sind, die uns tagaus, tagein zermürben und uns die Zeit rauben. Zeit haben, das würde bedeuten: für die Menschen dasein, die uns am wichtigsten sind, die wir am meisten lieben. Zeit haben, das hieße: endlich wesentlich leben, ganz und gar dasein, für das wirkliche Leben.

Aber wenn dieser ganze laute Zirkus unseres alltäglichen Lebens abends aufhört, sind wir oft nichts als müde. Dann ist nur Zeit zum Schlafen, und der Schlaf ist dann wieder nichts anderes als die begierig ergriffene Pause, um neue Kräfte zu sammeln für die Hetzjagd am nächsten Morgen. Nein, Pausemachen ist noch nicht dasselbe wie Zeithaben.

Und selbst das Wochenende! Da ist in vielen noch der hastige Lärm der Woche, den wir nun erst recht in uns tönen hören, so daß wir es nicht ertragen; daß uns plötzlich die Angst vor Langeweile befällt, daß wir wieder zu rasen anfangen – hinaus, irgendwo hin, nur weg von uns selbst.

Es ist wie eine Krankheit, die uns befallen hat, dieses: keine Zeit haben. Es macht uns zuweilen Angst, wir könnten das eigentliche Leben verfehlen.

Ob daher der Wunsch kommt, dessen Erfüllung wir unseren

Toten erbitten, den wir darum auf ihre Grabsteine schreiben: *Herr, gib ihnen die ewige Ruhe*"?
Diese ewige Ruhe – das wäre das Zeithaben, das wir uns alle erwünschen. Das ist nicht ein ewiges Ausschlafen. Das ist: wirklich leben, *da* sein und nicht mehr von tausend im Grunde nebensächlichen Dingen aufgerieben werden, geheilt zu werden von der quälenden Krankheit, mit der wir hinter der Zeit herlaufen, ohne daß wir sie hier je erjagen?
Herr, schenke uns die ewige Ruhe, von der wir hoffen, daß unsere Toten sie schon besitzen.

Für den Fall, daß es einmal kein Morgen mehr geben wird

Vor einiger Zeit sah ich das Interview mit einem jungverheirateten Paar. Sie hieß Wendy, er Peter. Ihm war eröffnet worden, daß er nur noch wenige Wochen zu leben habe.
„Wie haben Sie diese schockierende Nachricht von Ihrer Todeskrankheit aufgenommen?" fragte der Reporter.
„Ich war erschüttert und gefühllos, als ob man mich in ein eiskaltes Wasser geworfen hätte", antwortete der Mann. „Während man mich im Krankenhaus mit Kobaltstrahlen und Medikamenten behandelte und keine der Methoden Besserung brachte, fühlte ich, wie sich mein Zustand mit jedem Tag verschlechterte, wie mich außerordentliche Lethargie und Apathie befiel. Dann habe ich mir überlegt, daß es sinnlos ist, herumzusitzen und den letzten Lebensrest zu verschwenden. Ich wollte mich zumindest aufraffen und etwas tun."
„Versuchten Sie sich vorzumachen, es hätte sich nichts geändert", fragte der Reporter daraufhin, „oder sehen Sie einfach der Tatsache ins Auge, daß etwas anders geworden ist

und daß Sie sich damit abfinden müssen?" „Ich mache mir nicht vor, unbekümmert zu sein; meine Frau und ich wissen, daß ich Krebs habe, und wir wissen auch sehr genau, was wir zu erwarten haben, wir kennen die Prognosen der verschiedenen Ärzte, natürlich sind es unterschiedliche Prognosen. Aber wir denken nicht daran, unser gesamtes Leben nach meiner Krankheit zu orientieren, uns einzuschränken, uns zu fürchten; denn wir wissen ganz genau, daß der Krebs durch ständige Grübelei die Gedanken mehr vergiften kann als den Körper."

Der Reporter fragte auch die Frau: „Wendy, wie sieht dieses Leben, das Sie gemeinsam führen, nun praktisch aus?" Peters Frau antwortete: „Wir bemühen uns, jeden einzelnen Tag voll auszukosten und sehr verliebt zu sein. Wir führen zwar ein möglichst normales Leben miteinander, aber trotzdem sind unsere Tage erfüllter, als dies ohne die ungewisse Gewißheit der Fall wäre." „Wodurch ist denn Ihr Leben erfüllter?" fragte der Reporter. „Durch die Art, in der wir selbst nebensächliche Dinge gemeinsam tun und die Zeit nutzen, statt sie zu vergeuden." Und Wendys Mann ergänzte: „Im Augenblick denken wir bei all unseren Plänen in Zeiträumen von Wochen, von zwei oder drei Monaten. Für uns gibt es kein: wir wollen dies auf morgen oder nächstes Jahr verschieben. Die meisten Menschen leben ja tatsächlich in einer Welt, in der man alles auf morgen verschiebt; man streitet sich heute und nimmt sich vor, das nächste Mal freundlicher zu sein und die Sache erst einmal zu überschlafen. Stets heißt es: morgen, oder: das nächste Mal. Für uns beide gibt es eine Art ungeschriebenes Gesetz, nach dem wir niemals in Zorn oder mit Meinungsverschiedenheiten schlafen gehen, für den Fall, daß es einmal kein Morgen mehr geben wird."

„Für den Fall, daß es einmal kein Morgen mehr geben wird" – wer hätte sich den Fall noch nie vorgestellt? Zwar verdrängen wir meistens den Gedanken an den Tod. Wir fürchten, daß dieser Gedanke unser Leben dunkler machen muß, daß wir verzweifeln oder – daß wir unser Leben nicht mehr ernst nehmen und uns auf Gott oder aufs Jenseits vertrösten. Sprechen die Pfarrer nicht gerade deswegen soviel von Tod und Jenseits, um uns diese unsere Welt, in der wir leben, madig zu machen, damit wir sie nicht so wichtig nehmen? Nun erfahren wir durch die Antwort dieses jungen Paares etwas ganz andres, ja Gegenteiliges: das sichere Wissen um das Ende ihres Lebens, um die Vorläufigkeit dieses Daseins, läßt sie viel intensiver, genauer und gerechter miteinander leben. Ja, diese Welt wird für sie viel wichtiger, dichter als es bei anderen der Fall ist.

Der Gedanke an den Tod bringt diese Welt für sie nicht in Verruf, sondern gibt ihr einen neuen Geschmack, den es zu verkosten lohnt. Merkwürdig, daß die Theologen, daß die meisten von uns darauf nie kommen. Wir verdrängen das sicherste Ereignis unseres Lebens, weil wir dabei um die Qualität des Glückes für dieses unser Dasein fürchten. Und nun erfahren wir durch das Zeugnis zweier Menschen, daß es umgekehrt sein kann: daß man mit dem Tode leben kann, ja: dieses Leben gewinnt neue Qualität und erfüllteres Dasein, weil das Ende mitgesehen und angenommen wird.

Ein Kindergesicht – Anflug von Hoffnung

Ein unbekümmertes, offenes Kindergesicht läßt in uns schnell einen Anflug von Hoffnung wach werden. Es fordert uns auf, das Leben zu bejahen. Weil geschickte Werbemanager dies wissen, lassen sie gar nicht selten ein solches Kindergesicht auf den Titelseiten und Reklameflächen erscheinen.

Wenn wir ein kleines Kind heranwachsen sehen, ist eine unausrottbare Hoffnung in uns, diesmal könnte es glücken, diesmal könnte es besser und gelungener werden als bei uns selbst. Fast alle Eltern haben den Wunsch: bei ihren Kindern möge das Leben eine weitere Steigerung erfahren. „Unser Kind soll es besser haben als wir.“ Man sollte darüber nicht lächeln, auch wenn wir tausendfach erfahren haben, wie trügerisch solcher Stolz und solche Hoffnungen sein können.

Die ganze Menschheit lebt von solcher Hoffnung, jede Generation neu – daß es weitergeht, besser wird. Man mag enttäuscht sein von der eigenen Generation, resignierend nachsichtig mit den Älteren, verwirrt gegenüber den Jungen – die Kinder heißen uns hoffen. Sie sind die ersten, die aus den Kriegs- und Katastrophengebieten geborgen werden. Unsere Hoffnung braucht sie als Ansporn und Ermutigung.
Das Lächeln eines Kindes entwaffnet unsere Skepsis, ihre Freude am Leben, ihr Vertrauen in den nächsten Augenblick, ihre direkte und unkomplizierte Art miteinander und mit den Erwachsenen umzugehen gibt uns eine Ahnung, wie das Leben eigentlich sein könnte und sollte. Wir sind daher bereit, ihre Unarten, ihre Konflikte und Ängste zu übersehen. Die Welt des Kindes scheint uns eher eine heile Welt, so daß manchem der Gedanke kommt: könnte man noch einmal ein Kind sein!
Wirklich? Ist die Aufforderung der Bibel: „Wenn ihr nicht werdet wie die Kinder" so zu verstehen? Daß wir uns zurückentwickeln, sozusagen wieder hineinschlüpfen in eine Vergangenheit, dazu noch – wie ich meine – in eine arg romantisierte Vergangenheit? Denn wissen wir Erwachsenen im allgemeinen wirklich so genau, was in einem Kinde vorgeht? Haben wir häufig einfach in der Erinnerung unsere eigene Kindheit nur vergoldet und sind darum unfähig, uns in die Welt eines Kindes zu versetzen?
Wie es auch sei: Die Aufforderung, zu werden wie die Kinder, scheint mir die Aufforderung zu sein, Vertrauen zu haben in die Zukunft, Zutrauen zum Leben. Ein Kind lebt davon, daß es Zutrauen haben kann zu der Welt der Erwachsenen. Wird ein Kind hierin enttäuscht, ist es seelisch verwundet für sein ganzes Leben.
Auch dem Erwachsenen geht es ähnlich: Wenn er keinen Anlaß, keinen Grund mehr findet, warum er noch Vertrauen haben kann in die Zukunft, dann wird er wirklich alt. Er quengelt über die Gegenwart, flüchtet in eine illusionäre Vergangenheit, igelt sich ein und wendet sich enttäuscht ab von diesem Leben.
Die Bibel hat einen Menschen vor Augen, der an eine Zukunft über die Grenze des Todes hinaus glaubt, der sich darum immer neu auf ein Ziel hin unterwegs erfährt. Ein

solcher Mensch kann im Grunde nicht alt sein. Er ist wie ein Kind: seine ganze Existenz ist Hoffnung auf morgen: noch nicht vollendet sein, aber alles berechtigte Vertrauen besitzen auf ein einmal geglücktes Dasein.
Ein Kind so anschauen heißt, in das Antlitz der Menschheit schauen. Wir brauchen uns der Hoffnung nicht zu schämen, die uns dabei befällt.

Die Füße auf der Erde – den Kopf im Himmel?

„Ein Alkoholiker", so definiert der englische Schriftsteller Chesterton, „ist ein Mensch, der versucht, mit dem Kopf im Himmel zu sein und gleichzeitig mit beiden Füßen auf dieser Erde zu stehen."
Dieser Versuch mißglückt kläglich, wie wir wissen. Aber es sind nicht allein die Alkoholiker, die ihn unternehmen. Wir alle müssen nur kritisch genug unser Leben betrachten, um uns selbst bei solchen Versuchen zu ertappen.
Da übersieht einer in der Ehe, daß er keinen Engel geheiratet hat. Er überfordert seinen Partner, er erwartet von ihm ein Glück, das dieser gar nicht geben kann. Eine solche Ehe wird in die Brüche gehen durch den fast erpresserischen Glücksanspruch – der Himmel wird erwartet von einer Partnerschaft, die doch auf der Erde gelebt werden muß. Ähnliches kann geschehen zwischen Eltern und ihren Kindern, zwischen dem einzelnen und seinen Erwartungen an die menschliche Gesellschaft, zwischen gesellschaftlichen Gruppen untereinander. Das Ende wird immer zerschlagene Hoffnung, zerbrochenes Vertrauen und schließlich sogar ungeduldige Zerstörungswut sein. Ganze Ideologien hat die Menschheit erfunden, um sich einzureden, es ginge doch: hier mit beiden Füßen auf der Erde und dennoch zugleich mit dem Kopf im Himmel, im himmlischen Paradies zu sein. Im Namen dieser Ideologien sind Kriege geführt, Ketzer

verbrannt, Rassen ausgemerzt, Städte und Landschaften verwüstet worden. Die Parolen eines irdischen Himmels, wie immer sie lauten, haben stets Unheil gebracht im privaten Leben wie in der Geschichte der Menschheit.
Wir Menschen stehen in der unerträglichen Spannung zwischen Erde und Himmel: die Erde, die wir lieben, der wir uns verpflichtet fühlen und die wir doch nicht erpressen können, uns den Himmel hier schon zu bescheren. Wir müssen diese Spannung aushalten. Erst dann werden wir menschlich leben.
Ein untrügliches Merkmal, ob jemand imstande ist, diese Spannung zu ertragen und durchzustehen, zeigt sich darin, ob er Humor hat. Utopien vermögen die Menschen über das zu trösten, was sie nicht sind, der Humor aber über das, was sie sind. Warum sind Utopisten so leicht fanatisch, warum sind diejenigen, die eine Zukunft ertrotzen wollen, so absolut humorlos? Sie meinen: man könne die Grenze unseres menschlichen Lebens nicht bejahen und dennoch hoffen. Das macht aber genau den Menschen aus, wie ihn die Predigt Jesu sich vorstellt: ein solcher Mensch liebt dieses Leben und bejaht dennoch seine Grenzen, er hofft über die Grenze des Daseins hinaus und gewinnt aus solcher Jenseitshoffnung Humor für das Diesseits. Er hält es aus, mit beiden Füßen auf dieser Erde zu stehen und den Kopf ebenso hierzubehalten bis der Himmel sich selbst öffnet und die ganze Erde verwandelt – dazu allerdings gehört der Glaube an einen Gott, der solches vermag.

Auf der Verlierer-Seite

Ist Ihnen schon aufgefallen, daß auf den Sportplätzen immer *wir* es sind, wenn unsere Mannschaft siegt? „Wir haben gewonnen!“ Umgekehrt aber, wenn unsere Mannschaft verliert, dann war es die schwache Tagesform des Torwarts oder der Stürmer, ganz bestimmt aber der Schiedsrichter. Im Falle der Niederlage, sind nie *wir* es gewesen. Siege schreiben wir Zuschauer uns gern zu, die Niederlagen gehen auf das Konto der Aktiven. Merkwürdige Unlogik. Sie zeigt aber, wie wir Menschen gebaut sind. Wir machen nie richtig ernst mit unserem Einsatz. Wir wählen nach unserer Mütze aus. Christen wollen die Ersten sein, wenn die Rede „vom Frieden auf Erden“ geht, bei einer Predigt über die Sünde haben sie verstopfte Ohren. Wenn Gott siegt, wollen wir gern seine Kinder sein, wenn Gott fordert, gehören wir plötzlich nicht mehr zu ihm.

Wenn die Christen wirklich Christen wären, müßten sie das Beispiel Jesu Christi nachahmen. Der aber hat ganz anders reagiert. Er scheint es immer mit den Verlierern zu halten, den Schwachen, Unglücklichen. Er ist auf der Seite der Hungrigen, Armen, der Sünder zu finden. Darum war und ist er vielen auch so unsympathisch, solange sie nicht selbst auf der Verliererseite des Lebens stehen.

Gäbe es aber diese Verliererseite überhaupt noch, wenn wir alle so handelten wie dieser Jesus Christus? Wenn wir uns solidarisch fühlten mit dem Letzten unserer Menschheitsfamilie?

Wir wollen immer nur hübsch siegen. Möglichst ohne daß wir selbst uns anstrengen müssen – wie die Zuschauer beim Fußballspiel. Das Leben aber läßt uns nie bloße Zuschauer sein. Da gehören wir immer zu den Aktiven. – Können wir uns da einsetzen für die, die auf der Verliererseite stehen? Für die Zukurzgekommenen? Jedes Jahr wird in vielen Kirchen wieder das Opfer für die hungernden Völker erbeten. – Was würden Sie von einem Mann halten, der sich von einem Brotlaib das riesige Stück von vier Fünfteln wegschneidet, den schäbigen Rest von einem Fünftel seinen beiden hungrigen Kameraden überläßt und ihnen den Rücken kehrt? Dieser Mann sind wir. Bis zum Überdruß ist es gesagt worden, und doch kann man den Skandal nicht genug wiederholen: Wir stehen auf der Siegerseite der Menschheit und nehmen vier Fünftel der Weltproduktion für uns in Anspruch, das übrige eine Fünftel überlassen wir den hungernden Völkern, die zwei Drittel der Weltbewohner ausmachen. Können wir dabei ruhig bleiben?

Der „liebe Gott" – ein guter Mann?

„Ein abschüssiger und glatter Weg führte hoch über dem Meere. Ein Unwetter hatte sich entladen, und die Nacht strömte wie ein voller Schlauch. Hartnäckig stieg ich Gott entgegen, um ihn nach dem Sinn der Dinge zu fragen. Doch auf dem Gipfel des Berges gewahrte ich nur einen schweren Block aus schwarzem Granit – und das war Gott.

Er ist es wahrhaftig, sagte ich mir, der Unwandelbare und Unzerstörbare, denn ich hoffte noch, ich werde nicht tiefer in meine Einsamkeit versinken müssen. – Herr, sprach ich zu ihm, belehre mich! Sieh hier meine Freunde, meine Gefährten und Untertanen, sie sind für mich nur tönende Gliederpuppen. Wenn ich lache, so lachen sie. Wenn ich schweige, so verdüstern sich ihre Mienen. Und mein Wort, das ich erkenne, erfüllt sie wie das Windesrauschen die Bäume. Es gibt für mich keinen Austausch mehr, denn in dieser schrankenlosen Audienz höre ich nur noch meine eigene Stimme, die mir von ihnen wie das eisige Echo eines Tempels zurücktönt. Deshalb erschreckt mich ihre Liebe, und was habe ich von dieser Liebe zu erwarten, die nur mich selber vervielfacht?

Doch der Granitblock, über dem ein leuchtender Regen rauschte, blieb undurchdringlich. – Herr, sprach ich zu ihm, denn in der Nähe saß ein schwarzer Rabe auf einem Zweige,

ich verstehe durchaus, daß dieses Schweigen deiner Majestät gemäß ist. Doch ich bedarf eines Zeichens. Gebiete diesem Raben davonzufliegen, sobald ich mein Gebet beendet habe. Dann wird das wie ein rascher Blick sein, den mir ein anderer zuwirft, und so bin ich nicht mehr allein auf der Welt. Ich werde Vertrauen zu dir fassen, mag es auch nur ein dunkles Vertrauen sein. Ich verlange nichts als das eine: Es möge mir bedeutet werden, daß es vielleicht etwas zu verstehen gibt. – Und ich betrachtete den Raben. Aber er blieb unbeweglich. Da neigte ich mich zur Mauer:
Herr, sprach ich zu ihm, gewiß hast du recht. Es kommt deiner Majestät nicht zu, dich meinen Weisungen zu unterwerfen. Wäre der Rabe davongeflogen, so hätte er mich nur noch trauriger gestimmt. Denn ein solches Zeichen hätte ich nur von einem Gleichgestellten, also abermals von mir selber empfangen können, und so wäre es gleichfalls nur ein Widerschein meiner Sehnsucht gewesen. Wiederum wäre ich nur meiner Einsamkeit begegnet. –
Nachdem ich mich so in Anbetung niedergeworfen hatte, ging ich den Weg zurück, den ich gekommen war." – Dies ist das Gebet eines erfahrenen, einsamen Menschen, wie es der französische Dichter Saint-Exupéry in seinem Roman „Stadt in der Wüste" niedergeschrieben hat. Ein Mensch sucht Gott und findet ihn unnahbar, schweigsam, verschlossen und ohne Antlitz. Kann man einen solchen Gott lieben, sich ihm anvertrauen? Nein, der Mensch geht den Weg zurück, den er gekommen war, einsam, ohne daß Gott wirklich in seinem Leben der ersehnte Partner des Austausches geworden ist.
Es gibt aber auch die andere Möglichkeit, daß der Platz Gottes in unserem Leben leer bleibt, ohne daß wir es merken. Nämlich dann, wenn wir meinen, Gott schon so gefunden zu haben, daß er uns beliebig zur Verfügung steht. Gott ist dann die übergeordnete Instanz, die unsere eigenen Vorstellungen und Taten heiligen soll. Von einem solchen Gott erwarten wir, daß er tolerant und liberal sei, daß er alle Menschen selig werden lasse und zwar nach ihrer Façon und ohne große Anstrengung. Sünden muß er vergeben, das ist sein Geschäft; man erwartet von dem großen alten Herrn, daß er keine Schwierigkeiten mache. Ein Gott, der

hart anmutende Gebote und Forderungen aufstellt, der Gehorsam verlangt, – einen solchen Gott finden wir völlig unpassend. Ja, wir verlegen uns auf den Trick, zu behaupten: Gott sei schon der gute Mann, für den wir ihn halten, nur die sogenannten Gottesdiener, Priester und Prediger hätten einen Wall von Gesetzen um ihn gebaut, den man nicht so ernst nehmen muß. An einen solchen unverbindlichen Gott glauben alle mit Leichtigkeit. Da will niemand gottlos sein.
Aber ob diese Menschen Gott wirklich mehr gefunden haben als jener einsame Mann in der Wüste, der vor einem unbeweglichen Granitblock stand? Mir will scheinen, mit der Sache Gottes ist es bei diesem Einsamen weitaus besser bestellt als bei den vielen, die den lieben Gott einen guten Mann sein lassen und nichts mehr.
Gott finden, wie er wirklich ist, das geschieht erst dort, wo er selbst zu sprechen anfängt. Erst wenn man sein Wort hört, kann der Glaube beginnen. Denn Glaube ist nicht das, was wir über Gott denken und reden, Glaube ist immer nur unsere Antwort auf das, was Gott zuvor uns gesagt hat. Wir müssen sein Wort hören, bevor wir glauben können.

Rechnung meines Lebens

Eines Tages überfällt einen Menschen die schreckliche Gewißheit: ich habe die besten Stunden meines Lebens verpaßt. Alles, was ich jetzt noch tue, das tägliche Rackern, Lärmen und Schlafen, Essen und Trinken, im Grunde ist das ziemlich belanglos. Es hindert nicht mehr daran, daß fast alles vergeblich ist.

Dabei fing es einmal mit großen Hoffnungen an: Beruf und Liebe waren erfüllt mit Zukunftsplänen, alles war weit und lockend und wert, gelebt zu werden. Aber dann hat man gepfuscht, hier ein wenig und dort. Man kam eben nicht mehr mit, mit seinen eigenen Plänen und Vorhaben. Zunächst verlegte man sich auf eine bestimmte Art von Hochstapelei vor sich selbst und vor anderen, die aber doch nicht lange aufrechterhalten werden konnte.

Zu dieser niederdrückenden Erkenntnis kommt ein zweiter, vielleicht noch schlimmerer Schrecken: nämlich der, daß unser Leben, dies scheinbar so vergebliche Leben, einmal verantwortet werden muß. Wir sind da längst gemeldet vor einem Gericht, und was sollen wir da sagen? So kläglich, wie unser Dasein selbst ist, wird sich auch die Verteidigung dafür ausnehmen.

Noch ist es nicht soweit. Aber wir fühlen mit dumpfer Gewißheit, daß sich etwas ändern muß mit uns, möglichst sofort. Doch wie ist das möglich mit diesem resignierten Lebensgefühl in uns, das soviele befallen hat?

Da gibt es die Geschichte von dem ungerechten Verwalter im Lukasevangelium. Der Mann hatte das ihm anvertraute Gut seines Herrn durchgebracht und war nun angezeigt. Die große Abrechnung kam mit drohender Gewißheit immer näher auf ihn zu. Was nun? Er überlegte bei sich:

> „Mein Herr entzieht mir die Verwaltung. Was soll ich jetzt tun? Zu schwerer Arbeit tauge ich nicht, und zu betteln schäme ich mich. Doch – ich weiß, was ich tun muß, damit mich die Leute in ihre Häuser aufnehmen, wenn ich als Verwalter abgesetzt bin. Und er ließ die

> Schuldner seines Herrn, einen nach dem andern, zu sich kommen und fragte den ersten: Wieviel bist du meinem Herrn schuldig? Er antwortete: Hundert Faß Öl. Da sagte er zu ihm: Nimm deinen Schuldschein, setz dich gleich hin, und schreib ‚fünfzig'. Dann fragte er einen andern: Wieviel bist du schuldig? Der antwortete: Hundert Sack Weizen. Da sagte er zu ihm: Nimm deinen Schuldschein, und schreib ‚achtzig'.
> Und der Herr lobte die Klugheit des unehrlichen Verwalters." (Lk 16, 3–8 a)

Wird da ein Betrüger von Gott offiziell gelobt? Undenkbar! Aber Sie werden das Ganze gleich besser verstehen, wenn ich Ihnen die dritte, für den Verwalter nächstliegende Möglichkeit sage, von der im Evangelium nicht die Rede ist, die aber den Zuhörern Jesu sofort schon während der Erzählung gekommen sein muß. Der Verwalter hätte nämlich hingehen und die Schulden in voller Höhe eintreiben können. Damit hätte er immerhin für die letzten Tage seiner Verwaltung noch für sich herausgeholt, was herauszuholen war. Denn diese Spanne Nachlaß von 100 Faß Öl auf 50 bei dem einen und von 100 Malter Weizen auf 80 für den anderen wäre nach der damaligen Geschäftsgebarung in seine Tasche geflossen. Man muß wissen, daß es dem Verwalter überlassen war, aus seiner Ware herauszuholen, was herausgeholt werden konnte, wenn er nur die vorher festgelegte Quote seinem Herrn abliefern konnte. Der Grundbesitzer wird also nicht benachteiligt bei dem Verfahren, das Jesus erzählt. Er bekommt, was abgemacht ist. Aber der Verwalter bringt sich um seine eigenen Tantiemen, um seine von ihm selbst dem Kunden gegenüber herausgeschlagenen oder vielleicht ergaunerten Verdienstspannen. Auf die verzichtet er. Das ist das Erstaunliche. Warum tut er das? Um sich Freunde zu machen, die ihn aufnehmen, wenn er von der Verwaltung abgesetzt worden ist. Dieser Mann ist klug, und seine Klugheit wird von dem Herrn anerkannt und gelobt, weil er nicht das Nächstliegende tat: zu raffen was noch zu raffen war, bevor alles aus ist, sondern er dachte weiter, dachte über seinen Untergang hinaus und handelte danach.

Jesus hat keine Geschichten erzählt, um uns zu unterhalten. Sie sind Gleichnisse, *wir* sind darin gemeint, unser Heil. Denn eben dieser Verwalter sind wir, ist dieser Mensch, der plötzlich spürt, daß er sein Leben vergeblich geführt hat und bald, sehr bald dieses Leben verantworten soll. Was tun? Radikal von vorne und ganz anders anfangen, ein Büßergewand anlegen, das Leben eines Klostermenschen führen – ach für die meisten von uns steht das doch gar nicht mehr infrage. Wir sind ja mit tausend Fesseln an unseren Alltag, unsere Familie und Umgebung gebunden. Auch der Verwalter wußte genau, was er nicht konnte: „Zu schwerer Arbeit tauge ich nicht, und zu betteln schäme ich mich."
Also, dieses Leben nehmen, wie es ist?
Das eben ist töricht, ist nicht weit genug gedacht.
Wir haben ja noch eine Möglichkeit, hinter der letzten Abrechnung des Hausherrn weiter zu bestehen, Wohnungen zu finden, in die wir aufgenommen werden. Und wie das? Indem wir aufhören, aus unserem Leben, so wie es ist, einen eigenen, nächstliegenden, höchst problematischen Vorteil herauszuschlagen. Indem wir beginnen, den mageren Gewinn unseres Lebens, so wie es ist, für andere einzusetzen, ganz und gar, ohne Abstrich. Für uns selbst ist bis zur Abrechnung nichts mehr herauszuholen, geben wir das alles getrost für andere. Dann ist am Ende dieses unser so vergeblich und ausweglos scheinendes Leben doch noch voll Weisheit und voller Sinn gewesen und gelangt zu seinem Ziel.

Botschafter einer schmerzlichen Wahrheit

Das Jahr 1576 war das große Pestjahr für Mailand. Wie ein jähes Gewitter brach der Pesttod über die Stadt herein. Sie war völlig unvorbereitet und erwachte voller Entsetzen aus ihrem Alltagstrott. Und doch war zuvor etwas geschehen. Zwei Ärzte hatten die ersten Anzeichen der Pest in der Stadt entdeckt. Sie riefen daher die Bürger zusammen: „Die Pest ist in eurer Stadt!" Die Pest in Mailand? – Jeder wußte von anderen Städten her, was das bedeutete: sie mußten sich lebendig eingraben lassen in ihrer Stadt. Niemand würde herein und hinaus dürfen. Macht doch die Pest eine Stadt zu einem gemiedenen Kehrichthaufen, deren Bewohner nur noch darauf warten, daß der Tod auch sie überfällt, sie langsam verfaulen läßt. Gegen dieses Entsetzen mußte man sich wehren. Das konnte nicht sein, das durfte nicht sein. „Das ist nicht wahr!" schrie eine Stimme aus der Menge die beiden Ärzte an. „Es ist wahr, wir haben Beweise. Wir müssen euch das sagen, damit ihr retten könnt, was noch zu retten ist. Ihr müßt die Tore schließen, ihr müßt euch von den Kranken trennen, ihr müßt . . ."
„Laßt sie nicht ausreden, ihre Botschaft stürzt uns ins Unglück!" schrie eine zweite Stimme, und eine gefährliche Bewegung kam in die Menge.
Da sprang ein stämmiger Mann auf die beiden zu und packte sie: „Wer seid ihr denn schon, daß ihr das Recht habt, die Ruhe einer Stadt zu stören? Welchen Gewinn habt ihr daraus?", und er stieß die beiden wuchtig zurück, daß sie zu Boden taumelten. Durch die Menge ging eine Art gemeinsamer Wut. Die einzelnen waren unfähig nachzudenken. Das war ja alles Betrug oder Verrücktheit oder . . . Jedenfalls war kein Wort davon wahr, was die beiden sagten. Und mochten sie hundert Beweise haben! Sie hatten kein Recht! Sie waren Betrüger, Unruhestifter waren sie . . . die Menge fiel über die beiden her, schreiend, gröhlend, wie ein Tier, das man in seinem tiefen Schlaf gereizt hat.
Eine unglaubliche Geschichte? Es ist eine Begebenheit, die sich vor 400 Jahren ereignete. Mehr noch: Es ist die Ge-

schichte Jesu Christi, der gekommen ist, dem Menschen zu zeigen, wie krank er ist und wie verloren, der gekommen ist, um ihn zu retten und zu heilen, und den die Menge dem Kreuze überantwortet: „Kreuzige ihn!"
Es ist die Geschichte der Kirche zu allen Jahrhunderten. Es ist die Geschichte der Wahrheit, die uns frei machen will und die man fesselt, der Wahrheit, die niemand annehmen will, weil sie das Ärgernis des Kreuzes nicht ausschließt.

Für Gott sind wir kein Geldstück

> „Wenn eine Frau zehn Drachmen hat und eine davon verliert, zündet sie dann nicht eine Lampe an, fegt das ganze Haus und sucht unermüdlich, bis sie das Geldstück findet? Und wenn sie es gefunden hat, ruft sie ihre Freundinnen und Nachbarinnen zusammen und sagt: Freut euch mit mir; ich habe die Drachme wiedergefunden, die ich verloren hatte. Ich sage euch: Ebenso herrscht auch bei den Engeln Gottes Freude über einen einzigen Sünder, der umkehrt." (Lk 15, 8–10)

Ein Bild, ein Gleichnis diese Geschichte, sicher. Aber was sagt sie? Das verlorene Geldstück, die Drachme, das sind wir: Sie und ich. Und nun wird Gott sein Haus, eben diese Welt, um und um kehren, bis er Sie und mich gefunden hat, jeden einzelnen von uns. Ob die Welt darum so unruhig ist, weil wir uns so schwer von ihm finden lassen? Er muß ja wahrhaftig in die verstaubtesten Winkel und dunkelsten Ekken leuchten, immer noch wird er einen von uns dort entdecken. –
Vielleicht ärgert Sie der Vergleich mit dem verlorenen Geldstück, das Sie sein sollen? Und wenn schon, warum macht Gott soviel Aufhebens um uns wie diese aufgeregte Frau im Evangelium um die eine Drachme? Was ist schon ein Geld-

stück, hat Gott uns so nötig? Wir haben ihn doch um diesen Aufwand des Suchens nicht gebeten! –

Was werden Sie schon bekommen, wenn Sie Ihren Ehering ins Pfandhaus tragen? Allzuviel wird er nicht wert sein. Sicher haben Sie kostbarere Dinge in Ihrem Hause. Kostbarer was den Geldwert betrifft.

Dennoch bin ich überzeugt, daß viele ihre Wohnung sehr sorgfältig durchsuchen, wenn ihnen dieser Ring abhanden gekommen ist. Er ist das Sinnbild ihrer Liebe. Und es wird sie nicht beruhigen, daß sie leicht beim nächsten Juwelier einen neuen ähnlichen Ring kaufen können.

Die verlorengegangene Drachme ist eine von den zehn Drachmen, die zum damals üblichen Brautschmuck der Frau gehörten, so sagen uns die Bibelerklärer. Wie anders soll sonst das große Suchen und nachher die unbändige Freude der Frau verständlich sein?

Mögen diese Erklärer recht haben oder nicht. Für Gott jedenfalls sind wir nicht irgendein verlorengegangenes Geldstück. Für ihn sind wir mehr, weil er uns liebt. Darum sucht er uns, wenn wir verlorengegangen sind, darum steigt er uns nach bis in Feuersgluten und Meerestiefen, nicht einmal den Tod hat er gescheut, bis in das Grab ist er hinunter gestiegen. –

Sich anklagen oder sich ausklagen?

Ich wundere mich immer, wie sich Leute an dem Wort in der hl. Schrift ärgern, das davon spricht, wie im Himmel mehr Freude sein wird über die Buße eines Sünders als über neunundneunzig Gerechte, die eine Umkehr nicht nötig haben (Lk 15, 7). Offenbar rührt der Ärger daher, daß sich diese Leute ohne weiteres zu den neunundneunzig Gerechten zählen und sich daher ein bißchen benachteiligt fühlen. Wie unnötig wäre ihre Empfindlichkeit und um wieviel näher kämen sie wahrscheinlich dem wirklichen Sachverhalt, wenn sie sich gleich für den einen Sünder hielten, der der Buße dringend bedarf. Aber wir wollen es uns einfach nicht eingestehen, daß wir Sünder sind, Schuld haben und der Buße bedürfen.
Der Besuch bei einer Kranken hat mir das einmal sehr deutlich gemacht. Sie lag schon sehr lange im Krankenhaus, und so ein langes Krankenlager gibt Zeit, nachzudenken über Dinge, die man sonst im Alltagsbetrieb nur zu gern vergißt. Diese Frau hatte vieles falsch gemacht in ihrem Leben, in der Ehe, mit der Erziehung ihrer Kinder, und sie hatte ein gerütteltes Maß an Schuld daran. Schließlich wollte sie den Priester haben, um ihr Leben vor Gott wieder in Ordnung zu bringen. Aber merkwürdig, je näher die Stunde kam zu der der Priester sich angemeldet hatte, um so unruhiger wurde die Kranke: „Ich habe so furchtbare Angst davor", gestand sie der Krankenschwester. „Aber wieso denn", wunderte sich diese. „Ich habe Angst, alles zu sagen und ehrlich einzugestehen, was ich falsch gemacht habe." – Da wunderte sich die Schwester noch mehr, denn die Patientin hatte im Laufe der Wochen ihr und zum Teil auch dem Arzt ihre ganze erbärmliche Geschichte ganz unaufgefordert selbst erzählt. Und als die Krankenschwester ihr das sagte, erwiderte die Frau: „Ach, das ist etwas ganz anderes. Bei Ihnen habe ich mich nur ausgesprochen, weil ich einfach alles einmal loswerden wollte. Aber jetzt bei der Beichte, vor dem Priester, da geht es darum, daß ich mich anklage. Und das, fürchte ich, bringe ich nicht fertig."

Sie hat es fertiggebracht. Aber sich ausklagen und sich anklagen, das sind doch zwei sehr verschiedene Dinge. Die Wartezimmer der Psychotherapeuten und Nervenärzte sind heute überfüllt, aber dieselben Menschen scheuen oft den Weg der eigenen Anklage im Gericht der Buße.
Gott kennt unser Herz. Darum wird er schwach, wenn er einen Sünder trifft, der umkehrt, darum ist seine Freude über einen solchen Sünder weitaus größer als über neunundneunzig Gerechte, die Buße nicht kennen.

Reif gewordener Wein

Als Gott Mensch geworden war, lebte er jahrelang im Alltag. Sein Wirken im Rampenlicht der Öffentlichkeit begann er bei einer Hochzeit. Das ist in der Tat ein froher Anfang, wenn wir bedenken, daß die meisten Geschichten mit einer Hochzeit enden und uns verschweigen, was dann kommt. Bei dieser Hochzeit zu Kana geschah nun aber etwas Peinliches: Der Wein ging aus, und man konnte die Gäste unmöglich schon nach Hause schicken.
Da trat die Mutter Jesu an ihren Sohn heran und hat der Dienerschaft die Anweisung gegeben: „Tut, was er euch sagt.“ Nun standen da sechs steinerne Wasserkrüge für die bei den Juden gebräuchliche Reinigung. Jesus sagte zu den Dienern: „Füllet die Krüge mit Wasser“, und sie füllten sie bis zum Rand. Dann befahl er ihnen: „Schöpfet jetzt und bringet dem Speisemeister.“ –
Ich möchte wissen, was die Diener für ein Gesicht gemacht haben. Der Speisemeister ist ihr Chef. Sie können ihm doch unmöglich einen Becher Wasser zur Kostprobe anbieten! Überhaupt – was soll das Wasser? Es geht doch um Wein, der fehlt. Wasser hat man genug. Offenbar haben sie sich aber sofort aus dem Staub gemacht, um dem Zorn ihres todsicher erbosten Chefs zu entgehen. Denn – so berichtet die

Schrift – als der Speisemeister das zu Wein gewordene Wasser kostete, wußte er nicht, woher der Wein kam. Er rief den Bräutigam und stellte ihn zur Rede: „Was soll das? Jedermann schenkt zuerst den guten Wein aus und erst, wenn die Gäste schon getrunken haben, den geringeren. Du hast den guten Wein bis jetzt aufgehoben!" (vgl. Joh 2, 1–12)
So geht es im menschlichen Leben. Da kommen zwei zusammen, bauen sich Traumschlösser, die Welt ist ein einziger Feiertag, und es ist Hochzeit. Aber dann? Dann kommt der Alltag, die Arbeit, die Gewohnheit, Kindergeschrei, Ärger, Müdigkeit. Der Wein geht einmal aus, verstehen Sie, und man hält Ausschau nach neuem Wein. Aber den findet man im eigenen Hause nicht. Da ist alles leer, schal, alltäglich, so alltäglich wie Wasser.
Und nun stehen wir genau da, wo ich meine, daß wir nachdenklich werden sollten über den Befehl Jesu an die Diener. Er sagte ihnen: „Füllet die Krüge mit Wasser, schöpfet daraus und bringt es dem Speisemeister." So ein Alltag ist schwer, und es klingt vielleicht wie eine Zumutung, wenn Sie als Ehemann oder als Ehefrau aufgefordert werden: Sag' ja zu diesem Alltag, trage ihn.
Wirklich, es ist die gleiche Zumutung, die Jesus an die Diener stellte: „Nehmet das Wasser . . ."
Aber bedenken Sie, was aus dem Wasser wurde, da sie es hintrugen, furchtsam und mißtrauisch. Es wandelte sich unter ihren Händen unbemerkt zu Wein, zu köstlichem Wein, köstlicher als der Wein zuvor war.
Ob nicht ähnliches geschehen könnte, wenn Sie ‚ja' sagen zu Ihrem Alltag, jeder geduldig, verstehend, verzeihend?
Vielleicht treffen Sie heute irgendwo ein junges verliebtes Paar und werden ein bißchen neidisch fast, werden wehmütig, weil Sie es für unabwendbar halten, daß der Alltag ihre Liebe erlöschen läßt. Vielleicht aber treffen Sie auf einer Bank an der Sonne zwei alte Leute, Mann und Frau, weit über die Silberhochzeit hinaus. Sehen Sie einmal genau hin. Wenn Sie Glück haben, entdecken Sie auch hier: Liebe, reifgewordene, wissende Liebe.
Ist es so ausgemacht, welches von den beiden Paaren die köstlichere Liebe besitzt?

In der Stunde meines Todes

Vielleicht erinnern Sie sich aus Ihrem Religionsunterricht noch an die sogenannten sieben Werke der Barmherzigkeit. Das letzte davon heißt: „Die Toten begraben."

Die Toten begraben – ich weiß nicht, was Sie sich dabei denken, vielleicht sagen Sie: Was soll das für mich, ich bin doch kein Totengräber, und ich habe Gott sei Dank nicht jeden Tag einen Trauerfall in meiner Familie. Es scheint in der Tat ein ziemlich hergesuchtes Werk der Barmherzigkeit zu sein, das uns da genannt wird. Wirklich?

Eine Oberin, die 25 Jahre als Krankenschwester an der Berliner Charité tätig war, sagte kürzlich auf einer Krankenseelsorgertagung: „Warum nur scheuen wir uns öffentlich über den Tod und die Art seines Kommens zu reden. Ich meine, es muß den Menschen eindringlich gesagt werden, daß sie die Verantwortung dafür haben, ihre kranken Angehörigen rechtzeitig mit dem kommenden Tod vertraut zu machen. Das wird auch in vielen Fällen versäumt von Familien, die religiös in Ordnung sind. Den Gedanken an den Tod schieben auch sie weit von sich. Der Kranke darf auf keinen Fall aufgeregt werden, und so hindern sie das Krankenpersonal daran, den Geistlichen zu rufen, solange der Kranke noch bei Bewußtsein ist. Es ist nicht zu beschreiben, was wir im Krankenhaus in dieser Hinsicht an falscher Einstellung und Sorglosigkeit seitens der Angehörigen erleben." –

Ich weiß nicht, ob es Ihnen ähnlich ergeht wie mir, wenn Sie ein kleines Kind sorglos spielen sehen. Ich denke dabei immer: wie glücklich ist dieses Kind. So sorglos glücklich warst du einmal auch. Schade, daß du damals um dieses Glück eigentlich nicht gewußt hast. – Die größten und nachhaltigsten Dinge in einem Menschenleben geschehen wohl meistens am Anfang und am Ende. Wir ahnen, daß die tiefsten Geheimnisse unseres Daseins bei Geburt und Tod verborgen sein müssen.

Unsere Geburt und unsere erste Kindheit liegen für uns in der Dämmerung eines frühen Morgens, deren Schleier un-

ser Bewußtsein nie mehr zu heben vermag. Aber das andere Geheimnis unseres Lebens – das Sterben und den Tod –, könnten wir dies nicht bewußt durchleben und daran zur letzten Reife kommen? Wenn wir es können, sollten wir dann nicht auch Sorge tragen, daß es geschieht?
Wenn ich einmal krank daniederliegen werde, – ahnungslos, wie schwer meine Krankheit wirklich ist – und meine ganze Umgebung spielt mir ein Theater der Sorglosigkeit und des „Halb-so-schlimm“ vor – ich weiß, daß ich mich dann betrogen fühlen werde. Betrogen um die entscheidendste Stunde meines Daseins, um mein Sterben. Ich sage es allen meinen Freunden heute schon: Lügt mir in dieser Stunde nichts vor. Es gibt da keine barmherzige Lüge. Seid zu mir dann in Wahrheit barmherzig. Schenkt mir meinen Tod, er gehört mir doch. Ich will um ihn wissen und ihn besitzen.

Jesus: ja – Kirche: nein

Den lieben Gott lassen die meisten ja noch gelten, und Jesus, darüber kann man auch eine private durchaus wohlmeinende Auffassung haben – aber die Kirche?
Was ist denn das – die Kirche? Ich verstehe, daß viele Zeitgenossen sie einfach wie einen religiösen Verein mit großem geschichtlichen Prestige auffassen, neben dem es aber noch viele Vereine anderer Art gibt, die Gewerkschaften, die Parteien und warum auch nicht die Sportverbände. Ihre Sprecher sind Interessenvertreter. Mag zu ihnen halten, wer Interesse dafür hat. Erlauben Sie bitte, daß ich widerspreche. Die Kirche läßt sich nicht einfach einreihen in die lange Kette menschlicher Interessenverbände. Etwa unter die Rubrik: Vereine zur Pflege der Religion, wie es eine Rubrik gibt: Vereine zur Pflege der Geselligkeit.
Das wird klar, wenn Sie die Bibel aufschlagen (Apg 9, 5). Da ist von einem Manne die Rede, Saulus, der die ver-

sprengte christliche Gemeinde in Damaskus verfolgt. Unterwegs trifft ihn die Stimme Jesu: „Saulus, Saulus, warum verfolgst du mich?“ Saulus kennt den nicht, der zu ihm so drohend spricht. Darum fragt er: „Wer bist du?“ Die Antwort lautet: „Ich bin Jesus, den du verfolgst.“ Der entscheidende Punkt hierbei ist, daß dieser Saulus erkennen muß, wie sehr sich Jesus mit der Gemeinde der Christen gleichstellt, sich mit ihr geradezu identifiziert. In den Augen des Pharisäers Saulus war es eine sektiererhafte Religionsvereinigung, ein hochgefährlicher, wenn auch noch kleiner, Interessenverband von Volksfeinden, die er verfolgen mußte. Jetzt wurde er belehrt von Jesus selbst: „Du verfolgst mich.“ Diese Erkenntnis hat den Mann umgeworfen, hat ihn selbst Christ werden lassen, aus Saulus wurde der Völkerapostel Paulus.

Ein Christ kann seine Kirche nicht anders sehen als in Verbindung mit Christus. Der Sohn Gottes hat seine Kirche gegründet, nicht Menschen mit gleichen religiösen Interessen haben sie geschaffen. Hierin liegt der Grund, warum der Christ die Kirche nicht ohne weiteres einzureihen vermag in die Kategorie sonstiger menschlicher Interessenverbände. Hierin liegt auch der Grund, warum er die so oft vertretene Ansicht für unmöglich hält, die sagt: Jesus ja – aber Kirche nein. Jesus und Kirche sind nicht zu trennen. Die Kirche ist immer die Kirche Jesu Christi. Wer Christus liebt, muß auch die Kirche lieben.

Freilich ist das nicht leicht. Denn die Menschen in der Kirche haben oft dazu beigetragen, daß Christus in ihr schwer zu erkennen ist. Da wiederholt sich in der Geschichte der Kirche, was schon im geschichtlichen Leben Jesu begonnen hat: Wie sollten die Menschen damals, die sein Antlitz zerschlagen und mit Dornen gekrönt hatten, erkennen, daß dieses Antlitz dem Sohne Gottes gehört? Dazu bedurfte es des Glaubens. Wie Christus geglaubt werden muß, so muß auch die Kirche geglaubt werden. Wie sonst könnte man sie lieben?

Kirche – ein Fels in der Brandung?

Was Außenstehende oft an der Kirche, zumal an der katholischen Kirche, fasziniert, ist ihre eindrucksvolle Geschlossenheit und Klarheit. In einer Zeit, wo alles sich in Meinungen aufreißt: Wenn und Aber, Vielleicht und Wahrscheinlich, da wird naturgemäß die Sehnsucht lebendig nach etwas Festem, Klarem, Gültigem. Und so blickt man ein wenig neidisch auf die Christen, die in ihrer Kirche diesen ungebrochenen Fels erkennen, der in dem Fluß der Zeitströmungen mit ihren verwirrenden Auf und Ab feststeht. Viele Christen lieben die Kirche besonders als den Fels, der unverrückbar gilt und den selbst die Pforten der Hölle nicht überwinden werden. Die Kirche ist ihnen sicherer Hort, an den man sich halten kann. Ihr Wort ist klar, eindeutig, trägt etwas von dem überzeitlichen Hauch des Ewigen. Auf die Kirche blickt man, von ihr erwartet man das Wort, das über den zufälligen Alltagswirren steht, das Wort von höherer Warte, das klärend wirken kann für ein verängstigtes menschliches Gemüt.

Das Bild vom Fels in der Brandung ist darum Bild von der Kirche, wie es viele Menschen in sich tragen oder doch ersehnen. Es ist ein legitimes Bild. Christus, der seine Kirche gründet, hat selbst von ihr gesagt, daß sie auf Fels gebaut sei. Und der Apostel Paulus schreibt: Das ist „die Kirche des lebendigen Gottes, die Säule und Grundfeste der Wahrheit" (1 Tim 3, 15).

Indes zeigen Bilder immer nur eine Seite der Wirklichkeit. Strapaziert man sie allzu sehr, dann wird die Sache leicht schief. So kann es auch mit dem Bild vom Felsen, der die Kirche ist, geschehen. Unversehens wird der Fels dann nur ein Bild für die Kirchenleitung, für den Papst und die Bischöfe, für den ganzen Klerus, die das Kirchenvolk lehren und regieren. Der einzelne fühlt sich dieser Felseninstitution der Kirche gegenüber dann nur als passiver Zuhörer oder als bedürftiger Patient. Für ihn wird die Kirche eine zuverlässige religiöse Bildungs- und Heilseinrichtung, bei der er eingeschrieben ist wie ein Schüler bei seiner Schule oder ein

Kranker bei seiner Versicherung. Die andere Wirklichkeit der Kirche, die doch ebenso wahr ist, kommt dabei ganz aus dem Blickwinkel: die Wirklichkeit nämlich, daß jeder Christ die Kirche mitträgt, sie mit aufbaut, ein lebendiger Stein im Gefüge des Ganzen ist. Wo ein Christ lebt und wirkt, da lebt und wirkt auch die Kirche. Er darf sich nicht nur einfach als passives Glied seiner Kirche verstehen, als Fürsorgeempfänger einer Heilsinstitution. Aber es ist schwer, sich selbst als lebendige aktive Kirche zu sehen, wenn man von ihr nur einseitig die Vorstellung eines Felsen hat, zu dem man aufblickt, an den man sich klammert.

Außenstehende stoßen sich oft sehr an diesem Bild von der Kirche, die der Fels sein will. Sie sagen: Da habt ihr es ja, die Kirche steht immer still, sie ist unberührt von den Sorgen und Nöten der Zeit. Die gehen sie nichts an. Wir möchten eine Kirche, die dynamisch ist, die mit uns geht, die nicht so pharisäerisch dasteht, als habe sie für alles und jedes die Wahrheit gepachtet. Ihnen erscheint die Felsenkirche nicht wie das rettende Land im allgemeinen Schiffbruch, sondern wie das drohende, unnahbare Riff, an dem man zerschellt. Das Bild der Sicherheit wird für sie unversehens zur Selbstsicherheit, das Bild der Klarheit zum sturen Dogmatismus, die Festigkeit zur harten Unduldsamkeit.

Ein Christ wird diese falsche Auffassung von der Kirche anhören und geduldig korrigieren müssen. Das Bild von der Kirche als dem Fels und dem Hort der Wahrheit braucht er dabei nicht aufzugeben. Aber er wird es auch nicht unnötig strapazieren. Er wird andere Bilder der Kirche aufzeigen, die ihre Wirklichkeit ebenso darlegen, die aber dem Empfinden und dem Verständnis des Fragenden mehr entgegenkommen.

Kirche muß geglaubt werden

„Eines Tages stieg Jesus mit seinen Jüngern in ein Boot und sagte zu ihnen: Wir wollen ans andere Ufer des Sees hinüberfahren. Und sie fuhren ab. Während der Fahrt aber schlief er ein. Plötzlich brach über dem See ein Wirbelsturm los; das Wasser schlug in das Boot, und sie gerieten in große Gefahr. Da traten sie zu ihm und weckten ihn; sie riefen: Meister, Meister, wir gehen zugrunde! Er stand auf, drohte dem Wind und den Wellen, und sie legten sich, und es trat Stille ein. Dann sagte er zu den Jüngern: Wo ist euer Glaube?" (Lk 8, 22–25)

Dieser Bericht des Evangelisten wurde zu allen Zeiten auf die Kirche hin gedeutet. Es ist kein allzu großes Schiff. Ein Sturm kann es schon tüchtig hin und her schütteln, sogar auf das höchste gefährden. So muß sich die Kirche durch die Wogen der Geschichte hindurchkämpfen bis das jenseitige Ufer einmal erreicht ist. Dabei können die Fluten bis in das Schiff der Kirche eindringen, die Besatzung so wild und kopflos herumhantieren, daß man sich fragen muß: Ist denn Christus in dieser Kirche wirklich noch vorhanden? Man braucht sich nur zu erinnern etwa an die Zeit der Päpste und Gegenpäpste, die Zeit der Religionskriege, und die Stürme der Geschichte, die auch die Kirche überschwemmen, sind heute nicht vorüber. In solcher Situation mag mancher irre werden an der Kirche, er sieht Christus in ihr nicht, er hält sie für ein hoffnungslos korruptes Menschenwerk, dessen Zeit vergangen ist.

„Wo ist euer Glaube?" hat Christus seine Apostel gefragt, nachdem er sich in ihrem Schiff erhoben und den Sturm gestillt hatte. Wieder stehen wir hier vor der Tatsache, daß die Kirche geglaubt werden muß. Sie ist nicht einfach Menschenwerk, angewiesen auf menschliche Macht und menschliches Können, auf die Gunst der geschichtlichen Stunde. Gottes Sohn selbst ist in ihr. Mag sein, daß er zuweilen in ihr zu schlafen scheint. Dennoch ist er Garant dafür, daß

kein Sturm dieses Schiff verschlingen kann. Solche Stürme mögen nötig und sogar heilsam sein, damit Christus in seiner Kirche wach gerufen wird und sie sich wieder restlos auf ihn angewiesen weiß.
In jeder Not der Geschichte wird auch die Kirche zu finden sein. Sie steht nicht unberührt still, sie wird bewegt und bewegt sich, und die Menschen in ihr müssen allzeit den anrufen und wecken, der in ihr lebt. Vielleicht ist dieses Bild der Kirche nicht so grandios wie das andere Bild vom mächtigen Fels in der Brandung. Aber es mag uns zeitnaher erscheinen, nicht so entrückt. Es ist die Kirche unterwegs und darum die Kirche unseres Lebensgefühles.

Die Familie Gottes

Ganz zu unrecht beten wir das ‚Vater unser' meistens so, als hieße es nicht: „Vater unser", sondern: „Mein Vater, zu mir komme dein Reich, gib mir mein täglich Brot, erlöse mich von meinem Übel." Wenn ich Gott Vater nennen darf, so ist damit aber nicht nur gesagt, daß ich sein Kind bin, zugleich sind alle anderen, die Gott zu ihrem Vater haben, in ein neues Verhältnis zu mir gestellt. Er ist *unser* Vater. Wir, die wir Gott zum Vater haben, stehen darum zueinander wie die Geschwister einer Familie. Der kann Gott nicht zum Vater haben, der den Mitmenschen nicht zum Bruder hat. Wir sind die Familie Gottes.
In eine Familie aber wird man hineingeboren, es ist nicht nur Neigung und Interesse, die mich in meiner Familie sein lassen, wie es etwa bei meinem Verein der Fall ist, dem ich angehöre. Wenn da Neigung und Interesse aufhören, trete ich aus. Aus meiner Familie kann ich nicht einfach austreten. Die Tatsache des gemeinsamen Blutes mit meinen Familienangehörigen bleibt bestehen, ist meiner Willkür entzogen. Mag ich mich mit meinen Geschwistern oder Verwand-

ten gänzlich überworfen haben, so bleibt dennoch wahr, daß sie meine Geschwister und Verwandten sind. Wie ist das nun mit der Familie Gottes? Auch in sie kann ich nur hineingeboren werden. Nur Kraft einer Geburt gehöre ich zu ihr. Diese Geburt geschieht in der Taufe. Die Taufe macht mich sichtbar zu einem Angehörigen der Familie Gottes. Das ist unwiderruflich. Die Taufe bringt mich nicht nur in ein neues persönliches Verhältnis zu Gott, sie bringt mich auch in ein neues soziales Verhältnis zu allen Menschen, die getauft sind. Sie gliedert mich ein in die große kinderreiche Familie Gottes. Diese Familie Gottes ist die Kirche. In der Taufe wird nicht nur Gott mein Vater, die Kirche wird ebenso meine Mutter.

Unzählige Menschen haben das beglückend erfahren. Die Kirche ist ihnen Heimat, die das Fremdsein vergessen läßt; sie ist ihnen die Gemeinschaft, die Einsamkeit verscheucht. Den Hauch einer gewissen Mütterlichkeit und Geborgenheit suchen und finden viele Menschen in ihr.

Freilich ist es mit der Kirche so wie mit jeder Familie: Der einzelne kann nicht nur der Nehmende sein, er muß auch geben. Die Familie lebt von der gegenseitigen Liebe und Solidarität ihrer Glieder. Sich in der Familie Gottes wissen bedeutet daher nicht nur Wünsche stellen und erfüllt bekommen, sondern ebenso sich einsetzen in ihr.

Sieht die Wirklichkeit nicht ganz anders aus? Wo zeigt sich denn die Solidarität, die Offenheit und Liebe der Kinder Gottes? Von Familiengeist ist so wenig zu spüren, vielmehr von Kleinlichkeit, Zerrissenheit und äußerer Fassade der Institution! So und ähnlich wird vor allem der Außenstehende sagen.

Es geht in der Kirche hier nicht anders als in vielen Familien sonst auch. Darin wird gestritten und gezankt und die Sünden der Familienangehörigen bringen die ganze Familie in Verruf. Aber sehen die außenstehenden Nachbarn wirklich immer alles? Die schrillen Mißtöne dringen leicht durch die Wände. Dagegen die täglich lautlos geleisteten Dienste, das selbstverständliche, durch keinen Kommentar begleitete Füreinanderdasein der Geschwister – wer kann das beurteilen, wenn er nicht täglich dazugehört? Man kann sich seiner Familie völlig entfremden, sicher. Aber geht das ohne Wun-

den? Ohne Schuld auf beiden Seiten? Tragen nicht beide immer schwer daran, ein Leben lang?
Die Kirche wird eine Mutter bleiben, und die einzelnen in ihr werden immer die Familie der Kinder Gottes bilden. Ohne Sorgen, ohne Sünde und ohne Schuld wird es dabei nicht abgehen. Aber auch Verzeihung und Liebe und Dienst werden in der Kirche stets zu finden sein.

„Wie jemand seine Frau liebt...“

Wie jemand seine Frau liebt, so liebt Christus seine Kirche (vgl. Eph 5, 25). Dies ist nicht der Ausspruch eines überschwenglichen Romantikers, er steht vielmehr in der Bibel. Ich glaube auch nicht, daß ein noch so enthusiastischer Freund der Kirche von selbst auf einen solchen Vergleich verfallen wäre. Dieser Vergleich wird in der hl. Schrift sogar noch weiter ausgeführt. Wie der Mann seine Frau, so will Christus die Kirche schön haben, ohne Flecken und Runzeln. Er setzt sich für sie ein und gibt sich für sie hin. Mann und Frau werden in der Liebe ein Leib. Der Mann, der seine Ehefrau liebt, liebt im Grunde sein eigen Fleisch und Blut. Mit derselben Liebe hegt und pflegt Christus seine Kirche, weil sie sein Leib ist. Sie ist Braut Christi und Leib Christi. Mit solchen Bildern beschreibt die Bibel das Wesen der Kirche.
Für den, der die Kirche einfach nur als einen religiösen Zweckverband ansieht, sind solche Aussagen unfaßbar. Er wird kopfschüttelnd der Meinung sein, hier handelt es sich um schwärmerische Übertreibungen sogenannter Frommer. Für den, der an die Kirche glaubt, wird mit diesen Bildern und Aussagen aber das tiefste Geheimnis der Kirche angerührt, der Grund dafür, warum er seine Kirche liebt. Wäre die Kirche eine Institution und nichts sonst, eine notwendige, noch so nützliche von Gott gewollte Sache – man könnte

das leidenschaftlichste Interesse für sie haben, aber könnte man sie lieben? Wahre Liebe ist mehr als bloßes Interesse. Sie schaut nicht auf sich, sie ist hingabefähig bis zum äußersten. Eine Mutter, die wirklich Mutter ist, zeigt ihrem Kinde in kranken Tagen noch viel mehr Liebe, als in gesunden. Eine Frau, die ihren Mann wirklich liebt, wird noch viel mehr zu ihm halten, wenn schwere Sorgen (etwa im Beruf) ihn drücken und es nicht so gut geht, wie sie es sich anfangs vorgestellt hatten. Liebe kennt keine Distanz zu dem, der geliebt wird. Sie ist immer engagiert.

Wenn die Kirche Gegenstand wirklicher Liebe sein kann, dann muß sie mehr sein als eine Sache, eine Zweckeinrichtung, der ich nur mit Interesse gegenüberstehe. Sie muß etwas sein, daß ich lieben kann, wie mein Fleisch und Blut, wo es im Grunde keinen Abstand und keine Distanz mehr gibt. So aber sieht der gläubige Christ die Kirche, und das besagen für ihn die Bilder der hl. Schrift: die Kirche als der Leib Christi und die Kirche als Braut Christi.

Für ihn ist darum die Kirche nicht auswechselbar mit jeder beliebigen Institution. Kritik an der Kirche ist darum immer auch Kritik, die ihn selbst trifft. Wo es nötig ist, daß er selbst seine Kirche kritisieren muß – und die Liebe schließt die Kritik nicht aus –, da wird es ihn auch selbst am meisten schmerzen.

Man wirft den Christen häufig Intoleranz vor, weil sie alles durch die Brille ihrer Kirche betrachten. Abgesehen davon, daß es Fälle großer Unduldsamkeit auch bei Christen geben kann, mit ihrem Christsein hat das nichts zu tun, das geht auf das Konto allgemeinmenschlichen Versagens, wie es überall vorkommt. Wenn der Christ zu seiner Kirche hält und die Welt auch mit den Augen seiner Kirche sieht, tut er nichts anderes, als wenn ein Mann zu seiner Frau hält, sich bemüht die Dinge auch mit ihren Augen zu sehen. Darum muß er anderen Menschen gegenüber nicht intolerant sein und braucht auch nicht blind werden für die Fehler seiner Frau. Aber seine Liebe gehört ihr dennoch.

So liebt der Christ seine Kirche, denn in der Kirche sein heißt für ihn immer auch: in Christus sein. Nur so erklärt sich überhaupt der Widerstand der Christen in den modernen Kirchenverfolgungen. Dort geht die Frage ja haarscharf um die Kirche, nicht um Gott und nicht um Christus. Man versucht den Gläubigen einzureden: Gott dürft ihr behalten, Christus dürft ihr behalten, nur müßt ihr eine andere Kirche für eure Religion machen, eine Kirche nach den Vorstellungen des Staates. Das aber ist dem Christen unmöglich. Gott – Christus – Kirche sind für ihn eine unlösbare Einheit. Wer der Kirche angehört, muß teilnehmen an ihrem Schicksal und damit auch an dem Schicksal Christi, das sich in der Kirche fortsetzt. Dieses Schicksal aber bedeutet Verfolgung, Haß, Kreuz und Tod ebenso wie Sieg und Überwindung aller Ängste dieser Welt. Das weiß der Christ, daran glaubt er, und darum liebt er seine Kirche.

Reformationstag

Der 31. Oktober ist Reformationstag.

Für evangelische Christen ein Grund, zu feiern und sich zu besinnen. Für katholische Christen, zu denen ich gehöre, eher ein Tag schmerzlicher Erinnerung an die Gründe der Kirchenspaltung. Die Schuldfrage – das wissen wir heute – liegt auf beiden Seiten. Wie aber kommen die Kirchen wieder zusammen? Das ist eine Schicksalsfrage für nicht wenige Familien.

Ehepartner und deren Kinder leiden darunter, und schließlich finden sie ihre Lösung: Christen wollen sie bleiben, kirchlich aber nicht.

Ich meine, hier sind die Kirchen selbst aufgerufen, glaubwürdig zu handeln. – Diese Position geht nicht: daß jeder in seiner Ecke bleibt und sagt: Werde du so wie ich, dann sind wir eins. Protestanten sollen Katholiken werden oder Katholiken evangelisch.

Eine zweite Position scheint mir ebenso verfehlt, die sagt: Wir verdrängen, was uns trennt: die Maria, den Papst und so weiter und so fort . . . Wir schauen auf das, was uns eint.

Und das ist viel. Wir wollen keine protestantische Kirche und keine römisch katholische Kirche, sondern eine ökumenische Kirche.
Am Ende haben wir dann drei Kirchen, wie die Geschichte lehrt. Das ist keine Lösung.
In jeder Familie gibt es verschiedene Charaktere. Sie bleiben dennoch Angehörige einer Familie – oft im Streit. Aber muß das so sein?
Wenn die Kirchen aufeinander zugehen, müssen sie sich wohl ihre gegenseitigen Verschiedenheiten zugestehen. Die Grundfrage ist: Sind die Verschiedenheiten so groß, daß sie uns trennen müssen? Oder können wir doch unter einem Dach wohnen, ohne daß wir alles gleichmachen?
Diese Frage ist offen.
Am Reformationstag sollten engagierte Christen beten, daß diese Frage nicht mehr lange offen bleibt.

Übrigens: der 1. Mai kommt bestimmt

Wir sprengen euch die Kirche am Karfreitag in die Luft!, so lauteten erbitterte Anrufe bei einem Kirchenamt in der sonst so freundlichen Stadt Osnabrück.
Was war geschehen?
Der erfolgreiche Fußballverein dieser Stadt hatte ein außerordentlich wichtiges Pokalspiel auszutragen. Er wollte dies bei Tageslicht am Karfreitag tun. Die Kirchen protestierten dagegen mit dem Hinweis auf die Heiligkeit dieses Tages und auf das Feiertagsschutzgesetz des Landes Niedersachsen. Sie setzten sich bei der Stadtverwaltung durch. Das Spiel mußte nun am späten Nachmittag des Gründonnerstag durchgeführt werden. Trotzdem kam das Publikum zahlreich. Trotzdem ging das Spiel – wenn auch knapp – verloren. Ob die Karfreitagsgottesdienste hinterher noch irgendwo empfindlich gestört wurden – ich weiß es nicht.

Ich meine aber, daß die Kirchen dieser Stadt mit ihrem Protest nicht allzu gut beraten waren. Natürlich läßt sich aus der Ferne immer gelassener urteilen. In anderen norddeutschen Städten werden am Karfreitag Fußballspiele ausgetragen ohne daß die Sportplätze dadurch allein schon voller oder die Kirchen leerer wären. Denn was bedeuten heute die Heiligkeit und die Würde eines Tages? Wir leben – ob gern oder ungern – im Pluralismus der Weltanschauungen. Der eine schläft während der andere betet, feiert – oder spielt. Die eine und einige Gesellschaft vergangener Tage ist dahin. Dahin ist damit aber auch unser ungebrochenes Verhältnis zu den christlichen Feiertagen.
Aber erst recht wirken die drohenden Anrufe der aufgebrachten Fußballfans grotesk. „Wir sprengen euch die Kirche in die Luft!" Wieso gerade die Kirche?
Eben die Kirche ist es doch, der wir die Feiertage überhaupt verdanken. Sie hat in einer einheitlich christlichen Gesellschaft vor Zeiten Karfreitag, Ostern mit Ostermontag, Christi Himmelfahrt, Pfingsten, Weihnachten und andere öffentliche Feiertage durchgesetzt.
Man kann der Meinung sein: da viele Bürger mit dem religiösen Sinn dieser Feiertage nichts mehr anzufangen wissen, sollten sie konsequenterweise auch abgeschafft werden. In der DDR sind Ostermontag, Christi Himmelfahrt, Pfingstmontag schon keine öffentlichen Feiertage mehr. Und mit staatlichen Festtagen kann es ebenso geschehen, daß ihr Sinn verloren geht – denken Sie an die Diskussion um den 17. Juni.
Nun kann ich mir aber kaum denken, daß die Fußballfans oder die Gewerkschaften, die Stadtverwaltungen oder die Kirchen bei uns diese christlichen Feiertage abschaffen wollen. Darin werden sie sich wohl einig sein, daß an diesen traditionellen Tagen die Arbeit für die meisten ruhen soll.
Also werden sie sich mit ein wenig mehr Rücksicht und Toleranz auch wohl einigen müssen, wie man in der heutigen Gesellschaft, wo nicht mehr alle dasselbe glauben, dennoch den gleichen Tag feiern kann, ohne daß Gläubige, weniger Gläubige oder Nichtgläubige sich ins Gehege kommen oder gar streiten. Übrigens: der 1. Mai kommt bestimmt.

Stichwortverzeichnis